리더는
무엇을 하는
사람인가

5無

5무無와 5적敵을 넘어 조직의 심장을 깨우는 리더의 길

리더는
무엇을 하는
사람인가

문성후 지음

5敵

오아시스
Oasis

5무(無)와 5적(敵)을 넘어 펼쳐지는 새로운 리더의 길

리더, 그 본질에 대하여

제가 '리더십'을 주제로 강연할 때마다 청중에게 던지는 첫 질문이 있습니다. "리더란 무엇이라고 생각하십니까?" 이에 대해 다양한 답변이 나오지만 가장 많이 언급되는 것은 리더가 '성과를 내는 사람', '타인을 이끄는 사람', '조직을 지켜내는 사람'이라는 것입니다. 이 답변들이 틀린 것은 아니지만 여기서 '사람'을 '역할'로 바꾸면 리더의 본질에 대해 이해하기 쉬워집니다. 즉, 리더는 성과를 내는 역할, 타인을 이끄는 역할, 조직을 지켜내는 역할을 수행하는 자리라는 것입니다. 이미 제 저서 《리더의 태도》에서도 '리더란 곧 역할(Role)'이라는 점을 핵심적으로 강조했습니다.

그렇다면 사람들은 어떤 리더를 따를까요? 그 해답은 분명합니다. 자신의 역할을 잘 해내는 리더를 따르게 됩니다. 이것이 바로 좋은 리더와 나쁜 리더를 구분하는 핵심 기준이 됩니다. 개인의 인간적 성품과는 별

개로 조직과 팀원에게 실질적인 도움이 되는 역할을 얼마나 잘 해내는지 여부에 따라 좋은 리더와 나쁜 리더로 나눌 수 있는 것이지요. 만일 그 사이 어디쯤 위치한 어중간한 사람이라면 결코 '리더'라고 불러서는 안 됩니다. 이도 저도 아닌 리더가 가장 최악이니까요.

잘하기 위해서는 '하지 말아야 할 것'을 우선 알아야 한다

이 책은 《리더의 태도》의 연장선상에서 리더십에 대한 한층 더 진일보한 시선으로 깊은 통찰을 전하고자 쓰였습니다. 전작에서 좋은 리더의 자질을 충분히 다뤘다고 생각했지만, '이래야 한다.'는 당위를 넘어 '이렇게 하라.'는 구체적이고 실천적인 방법론을 직관적이고 확실하게 전할 수 있으면 좋겠다는 갈증이 생겼습니다. 이러한 고민 속에서 마주한 첫 번째 과제는 '어떻게 하면 리더의 역할을 잘 해낼 수 있는 비법을 가장 효과적으로 전달할 수 있을까?' 하는 방법론의 문제였습니다. 그 해답은 제 일상의 경험 속에서 발견할 수 있었습니다.

10년 가까이 강의를 해 오면서 제가 한 번도 어기지 않은 원칙이 있습니다. 강의 전에 반드시 담당자에게 '하지 말아야 할 말'이 무엇인지 먼저 확인하는 것입니다. 주의해야 할 호칭, 금기어, 언급을 피해야 할 사건 등을 미리 파악하는 것이지요. 아무리 뛰어난 강의도 작은 실수 하나로 전체 분위기가 흐려질 수 있기 때문입니다. 이는 마치 축구 경기에서 멋진 골을 넣어도 치명적인 실수로 경기에서 패배할 수 있는 것과 같은 이

치입니다.

이러한 경험을 통해 깨달은 것이 있습니다. '잘하는 법'을 이야기하려면 그 전에 '잘하지 못하게 만드는 것'이 무엇인지 짚고 넘어가는 게 바른 순서라는 것입니다. 즉, 리더의 역할을 성공적으로 수행하기 위해서는 그것을 방해하는 요소들을 먼저 제거해야 한다는 것이지요. 그런데 이런 방해 요소들은 리더의 자리에 오르자마자 바로 등장하지 않습니다. 오히려 리더로서 어느 정도 자리를 잡았다고 느낄 때쯤 슬그머니 모습을 드러냅니다.

이는 운동을 배울 때의 과정과 비슷합니다. 처음에는 코치의 지도를 충실히 따르다가도 어느 정도 실력이 늘면 오히려 나쁜 버릇이 생기기 시작합니다. 교통사고 통계도 이와 비슷한 패턴을 보여줍니다. 일반적인 예상과 달리 면허 취득 직후가 아닌 3년 차의 사고율이 가장 높습니다. 이런 현상은 어설픈 익숙함이 오히려 더 큰 위험 요소가 될 수 있음을 알려줍니다.

따라서 초보 리더라면 리더십을 저해하는 요소에 물들지 않도록 초기부터 경계해야 합니다. 만약 경험이 풍부한 리더라면 자신이 이미 이러한 방해 요소들에 물들어 있지는 않은지 지속적으로 성찰해야 합니다. 익숙함은 양날의 검과 같습니다. 그것은 능숙함으로 이어질 수도 있지만 때로는 덫이 되어 미숙함을 야기할 수도 있습니다. 따라서 리더는 자신의 역할 수행을 방해하는 요소들을 끊임없이 점검하고 제거하는 노력을 게을리해서는 안 됩니다.

이 책의 구성에 대하여

이 책에서는 리더를 '리더'와 '빅 리더(리더의 리더)'로 구분하고 리더를 따르는 이들을 '팀원'이라고 칭했습니다. '팔로워'나 '구성원'이라는 표현보다 '팀원'을 선택한 것은 특정한 목표 달성을 위해 모인 조직의 능동적 구성원이라는 의미를 강조하기 위해서입니다. 또한 리더십이 회사에만 국한되지 않는다는 점을 고려하여 리더가 이끄는 집단을 포괄적으로 '조직'이라 지칭했습니다.

이 책의 구성은 크게 세 부분으로 나뉩니다.

1부에서는 리더의 역할을 저해하는 '5무(無)'를 다룹니다. '무지, 무책임, 무능, 무관심, 무기력'이 그것입니다. 이를 역으로 생각해 보면 리더가 갖춰야 할 필수 자질인 '지식, 책임감, 능력, 관심, 에너지'가 도출됩니다. 리더가 전문 지식을 바탕으로 책임감 있게 업무를 수행하고, 뛰어난 능력을 발휘하며, 조직과 팀원에 대한 관심의 끈을 놓지 않고, 왕성한 에너지로 현장을 누빌 때 비로소 리더, 조직, 팀원의 동반 성장이 가능해집니다.

2부는 리더가 경계해야 할 '5적(敵)'을 설명합니다. '위임 미숙, 교만, 고집, 불통, 방해꾼'이 이에 해당합니다. 뒤집어 생각하면 '적극적 위임, 겸손, 유연함, 소통, 조화로움'이라는 바람직한 리더의 태도가 드러납니다. 리더가 팀원을 신뢰하여 적극적으로 업무를 믿고 맡기고, 겸손하고 유연한 자세로 소통하며, 조직과의 조화를 추구할 때 진정한 리더십이 발현될 수 있습니다.

3부는 전작 《리더의 태도》에서 제시했던 여섯 가지 리더의 덕목을 한층 더 발전시켰습니다. 전작에서는 '충직, 자존, 배려, 개방, 갈망, 단정'이라는 인격적 측면에 초점을 맞췄다면, 이번에는 조직의 실질적 성과와 팀원의 실제적인 성장을 위한 리더의 구체적 역할인 '자극, 도전, 결정, 도달, 조력'에 주목했습니다. 3부의 내용은 《리더의 태도》의 확장판이라고 생각하고 읽어주시면 좋을 것 같습니다.

이 책에서는 리더의 '인간성'에 대한 직접적 언급을 최소화했습니다. 이는 현대의 치열한 경쟁 환경에서 조직의 성과가 반드시 리더의 인간성과 비례하지 않는다는 현실적 관찰에 기초합니다. 그러나 이것이 리더의 인성이 중요하지 않다는 의미는 결코 아닙니다. 오히려 리더의 인격적 품성은 조직의 장기적 생존과 지속 가능한 성장을 좌우하는 근본적 요소입니다. 조직이란 결국 사람과 사람 사이의 상호작용으로 이루어지는 모임이니까요.

이 책은 저의 여덟 번째 책이자 리더십을 주제로 한 마지막 저서입니다. 34년간의 다양한 사회생활을 통해 체득한 리더십의 정수를 모두 담아냈다고 자부합니다. '피플체인저(People Changer)'로서 사람을 변화시키고 세상을 바꾸고자 하는 저의 열망과 통찰이 이 한 권에 집약되어 있습니다. 이 책이 독자들로 하여금 진정한 리더의 역할에 대해 깊이 있게 고민하고 성찰하게 만드는 의미 있는 자극제가 될 수 있다면 그만한 기쁨과 보람이 없을 것 같습니다.

피플체인저 문성후 드림

차례

I.

리더십을
무너뜨리는 5無

1

무지

모르면서 아는 척하고 있진 않은가?

당신이 모르는 것이 무엇인지는 알고 있는가?

수많은 싸움을 치른 노련한 장수를 두고 '백전노장'이라고 합니다. 우리는 조직을 이끄는 리더라면 당연히 치열한 전투를 승리로 이끄는 백전노장처럼 모든 사안에 현명한 판단을 내릴 줄 알아야 한다고 생각합니다. 하지만 이는 반은 맞고 반은 틀립니다. 이 세상에 완벽한 사람은 없습니다. 리더 역시 사람이기에 세상의 모든 일을 해결할 수는 없는 게 당연합니다. 하지만 한 분야에서 팀원과 조직을 이끄는 자리까지 오를 정도라면 자기 분야에 대해서만큼 전문적인 지식과 혜안을 가지고 있어야 합니다. 자기 분야에 능통하지 않은 사람이 어떻게 다른 사람에게 비전을 제시하고 문제 해결책의 실마리를 제안할 수 있겠습니까?

그런 점에서 저는 리더의 역할을 방해하는 첫 번째 무(無)로 주저하지 않고 '무지(無知)'를 꼽습니다. 리더의 무지는 크게 두 가지로 나눌 수 있습니다. 하나는 해당 분야에 대한 역량은 있는데 리더로서 자신이 무엇을 해야 할지 모르는 경우입니다. 다른 하나는 이와 반대로 자신의 역할에 대한 이해는 있는데 그 역할을 해낼 만큼의 지식이 없는 경우입니다.

가령 한 기업의 재무팀을 이끄는 재무팀장이 있다고 칩시다. 너무 당연한 말이지만 재무팀장은 기업의 재무제표를 읽을 줄 알아야 합니다. 이것은 기본 중의 기본입니다. 팀원은 그 정도만 잘해도 조직 내에서 제 몫을 다하고 있다고 평가받을 수 있습니다.

리더는 다릅니다. 재무팀장이라면 재무제표에 적힌 숫자 너머로 기업의 현재를 평가하고 미래까지 전망할 줄 아는 눈이 있어야 합니다. 그래야 기업의 건전한 재정 운영을 위해 기여할 수 있을 테니까요. 그런데 직장생활을 하다 보면 그 자리에 있을 깜냥이 안 되는 사람이 조직의 리더로 앉아 있는 경우도 심심치 않게 보게 됩니다. 이때부터는 리더 개인의 문제를 넘어 회사의 무지가 문제로 떠오릅니다. 이렇게 적합하지 않은 사람을 리더의 자리에 앉히면 회사는 잘못된 인사로 큰 손해를 입게 됩니다.

여러 사람들이 협력 또는 경쟁하며 공동의 지적 결과물을 만들어 내는 것을 두고 '집단지성'이라고 일컫습니다. 그런데 리더와 빅 리더가 모두 무지할 경우는 집단지성이 아닌 '집단적 무지'가 작동합니다. 리더들끼리 사안을 제대로 알지도 못하면서 의사결정을 하다 보니 최악의 선택을 하게 되는 것이지요. 이런 분위기가 조직문화로 자리를 잡으면 회사는 끊임없이 크고 작은 문제를 마주하게 됩니다. 무지를 또 다른 무지로 덮으면서 몰라도 아는 척, 눈 가리고 아웅 하는 식의 잘못된 의사결정 과정이 조직문화로 굳어지면 개중에 있는 좋은 리더가 제 역할을 하지 못하게 되기도 합니다. 잘못된 리더들에게 더 큰 보상과 기회를 줌으로써 훌륭한 리더들의 사기와 의욕을 꺾기도 하고 때로는 왜 당신만 고고한 척하느냐며 잘못된 선택을 강요합니다.

리더의 무지가 조직에 가장 큰 해악을 입히는 경우는 리더가 자신이 무엇을 모르는지 모를 때입니다. 최근 뇌과학이나 공부법 분야 등에서 '메타인지(Metacognition)'의 중요성이 크게 대두되고 있습니다. 메타인지란 말 그대로 인지를 초월한 인지로 자신의 인지 과정과 그 내용을 한 차원 더 높은 곳에서 인식할 수 있는 능력을 가리킵니다. 쉽게 말해 내가 무엇을 알고, 무엇을 모르는지 아는 능력입니다. 의사결정 권한을 가진 리더의 메타인지 능력이 현저히 떨어지면 그것만큼 무서운 결과를 초래하는 일도 없습니다.

이것은 단순히 업무 전문성이 떨어지고 리더의 역할에 관해 모르는 것과는 차원이 다릅니다. 자신이 무엇을 모르는지 알지 못하면 그것을 안다고 착각하기 십상입니다. 혹은 자신이 아는 정보만 활용해서 문제를 해결하려고 듭니다. '그게 무슨 큰 차이가 있겠어?', '이거나 그거나지.' 하면서 현재의 무지를 과거의 지식으로만 때우려고 하는 것이지요. 이게 습관이 되고 자기 안의 확신으로 자리를 잡을 때 고집만 부리고, 올드 패턴으로 일을 처리하며 시대적 흐름과 점점 더 거리를 두는 선택을 하게 됩니다. 우리가 이른바 '꼰대'라고 부르는 리더가 이렇게 탄생합니다.

거짓말하는 리더는 왜 실패하는가?

리더가 무지하면 거짓말을 하기 시작합니다. 빅 리더와 조직, 고객을 속이기 시작하는 것이지요. 리더라는 자리는 탐이 나는데 일은 어떻게 해야 할지 잘 모르겠고, 성과를 내는 것에 자신이 없어지면 선택지는 두 가지뿐입니다. 첫째는 나를 속이는 것입니다. '나는 최선을 다했어. 내가 선택하고 지시한 방법이 맞았어. 상황이 안 좋았을 뿐이야.'라며 자기 위안을 하면서 끝까지 나의 문제를 인정하지 않고 잘못된 자기 확신을 이어가는 것이지요.

사람은 자신이 옳다고 강하게 믿으면 설령 처음에는 그것이 자신을 방어하기 위한 거짓에서 시작된 믿음이라고 할지라도 후에는 진심으로 자신의 믿음을 확신하게 됩니다. '내가 정확히 알고, 정확히 판단을 내렸으니 절대 틀릴 리 없어!'라고요. 이런 리더들이 범하는 또 다른 문제는 '나는 제대로 된 지시를 내렸는데 팀원이 실행을 잘못한 거야.'라며 남 탓을 한다는 것입니다. 이렇게 리더와 팀원 간의 불통과 불신이 싹트기 시작합니다.

리더가 무지해서 거짓말을 하는 또 다른 경우는 남을 속이는 것입니다. 리더 중에는 소위 '먹튀' 리더가 있습니다. 조직과 팀원을 현혹시켜 그들의 무지를 이용해 자신의 뱃속을 채우는 리더들입니다. 자신도 무엇이 잘못되고 있는지 모르면서 나쁜 결정을 내리고 동료를 속이고 성과를 망치는 리더는 법에서 말하는 '미필적 고의'를 행하는 악행자입니다. 둘 중 어느 쪽이든 리더의 거짓말은 팀원과 동료, 조직이 성과를 내는 것을 방해합니다.

리더의 무지는 팀원들에게 결국 들통나기 마련입니다. 처음에는 리더에게 부여되는 권위에 기대 얼렁뚱땅 넘어갈 수 있습니다. 상사가 조금 이상한 판단을 하는 것 같더라도 처음엔 아랫사람들이 '저 자리까지 올라갔는데 이런 기본적인 것도 모르겠어?'라고 생각하곤 합니다. 리더가 짐짓 아는 척이라도 하면 '그래, 그래도 나보다 연차가 많은 사람이 하는 말인데 맞겠지 뭐.' 하고 따르기도 하고요.

하지만 꼬리가 길면 밟히는 법입니다. 시간이 지나며 실수와 오판이 반복될수록 리더는 팀원들에게 신뢰를 잃게 됩니다. 나중에 가서 '그래, 사실은 내가 잘 몰랐어. 부끄럽지만 이제부터 배울게.' 해도 소용이 없습니다. 처음부터 모르는 것을 모른다고 쿨하게 인정하고 아랫사람들에게서 배우려고 하는 것과 무지를 끝끝내 숨기다가 무지함을 들켜서 팀원들에게 의심을 산 다음 뒷수습을 위해 배우려고 하는 것은 전혀 다른 태도입니다.

리더가 처음부터 겸손하게 자신이 모르는 것에 대해서 인정하고 팀원이나 조직에게 양해를 구하면 팀원이나 조직은 배울 시간을 기꺼이 줍니다. 리더가 무지하면 무지할수록 고생하는 것은 조직과 팀원들이기 때문입니다. 수많은 기업들이 임직원을 채용한 후에도 교육에 힘쓰는 이유가 여기에 있습니다. 더군다나 누가 지적하기도 전에 스스로 부족한 부분을 인정하고 자기 역량을 키우려는 사람을 어느 누가 헐뜯을 수 있을까요? 오히려 이런 겸손한 자세를 높게 평가할 가능성도 큽니다.

같은 맥락에서 정말 비겁한 리더는 자신의 무식이 탄로가 나서 팀원들에게 비난을 받거나 무시를 당할까 봐 위축된 나머지, 아예 일을 안 하기도 합니다. 아무것도 하지 않으면 아무 일도 일어나지 않으니까요. 이런 리더가 이끄는 조직은 겉으로 봤을 때 실수가 없습니다. 하지만 오히려 시행착오를 겪는 조직보다 건강하지 않은 조직이지요. 고여서 썩어 가는 물과 같다고 할 수 있습니다. 시행착오는 성장의 발판으로 작용하지만 아무것도 하지 않으면 도태될 뿐입니다. 리더의 무지가 조직 전체의 생산성을 갉아먹는 셈이지요.

조직이 통째로 무지한 경우도 있습니다. 1980년대에 일본의 경영컨설턴트였던 신고 시게오(新郷重夫)는 '무지의 빙산(The Iceberg of Ignorance)'이라는 개념을 제시했습니다. 이는 조직의 문제 인지 정도를 빙산에 비유한 개념인데요. 빙산의 일각만이 수면 위로 드러나 있는 것처럼 조직의 최고 경영진이 인식하는 문제는 조직 전체가 가진 문제의 일부에 불과하다는 것입니다. 반면에 수면 아래에 숨겨진 큰 부분 즉, 조직의 보다 큰 문제는 조직을 구성하는 하위 계층이 더 잘 인식하고 있다는 것이 신고 시게오의 주장입니다. 실제로 그가 통계를 집계한 결과, 최고 경영진(Top Executives)은 조직 내 문제의 약 4퍼센트를, 중간 관리자(Middle Management)는 약 9퍼센트를 인식하고 있었습니다. 한편, 하위 리더인 감독자(Supervisors)는 약 74퍼센트의 문제를 인식하고 있었고, 현장 직원(Front-line Employees)은 거의 모든 문제를 인식하고 있었다고 합니다. 쉽게 말해 조직의 문제들은 최고 경영진에게 제대로 전달되지 않거나 무시되는 경우가 많습니다. 이와 같은 조직의 무지 역시 개별 리더의 역할을 방해하는 커다란 요소입니다.

무지하지 않은 리더가 되려면

리더의 무지는 배움을 거부하거나 배움을 멈췄을 때 생겨납니다. 즉, 리더가 배움과 지식, 지혜, 경험, 안목, 통찰에 대한 욕심이 없을 때, 혹은 아주 게으르고 방만해질 때 발생하지요. 리더가 자신의 지식을 확장하지 않으면서 팀원들에게만 배우고 성장하기를 원하는 것은 아주 모순된 태도입니다.

미국의 유명 컨설턴트이자 자기계발 전문가인 사이먼 시넥(Simon Sinek)은 어떤 문제이든 항상 '왜(Why)'에서 시작하라고 했습니다. 자신이 리더로서 역할을 잘 해내지 못하는 것 같다면, 또는 자신과 자신이 이끄는 조직이 잘 풀리지 않는 것 같다면 '왜' 그러한지 궁리하고 이유를 찾아내야 합니다. '왜'에 대해 고민하기 시작할 때 리더의 배움이 시작됩니다.

여기서 배움은 학벌, 학력, 학위, 학식만을 가리키지 않습니다. 그런 지식들도 분명히 리더에게 필요한 지식은 맞습니다. 저는 이와 같은 지식을 '학습지'라고 분류합니다. 학습지는 하드 스킬(Hard Skill)이나 형식지에 가까운 지식으로서, 한 번 학습하고 나면 완성되는 지식입니다. 운전면허교본으로 필기 공부하고 연습 조금 하고 나면 따는 운전면허증이 학습지이지요.

경험지는 소프트 스킬(Soft Skill)이나 암묵지에 가까운 개념으로 평생 완성되지는 않지만 계속 개발되는 지식입니다. 운전면허증은 한 번 따면 되지만 운전을 잘하는 것은 다른 지식입니다. 조심성, 경험, 감각, 마인드

등이 모두 결합되면서 운전 실력이 개발되듯이 경험지는 계속 발전하는 지식입니다. 리더에게는 이렇게 진화하고 심화되는 지식, 즉 경험지가 필요합니다.

리더는 '호모 에루디티오(Homo Eruditio)'가 되어야 합니다. 호모 에루디티오란 지식을 쌓는 데 많은 시간을 투자하는 사람을 말합니다. 제가 아는 주변의 훌륭한 리더들은 공통적으로 늘 배움을 손에서 내려놓지 않습니다. 책을 읽든, 세미나에 가든, 사람을 만나든, 학교를 다니든 항상 새로운 배움을 갈망하고 실천합니다. 심지어 회식 자리에서도 아랫사람들에게 최신 트렌드가 무엇인지 배우려고 열린 자세로 묻고 그들의 말을 경청합니다. 배움을 향한 개방된 태도가 있는지 여부는 좋은 리더와 나쁜 리더를 가르는 중요한 기준입니다.

리더에게 끝없는 배움이 필요한 이유는 자기객관화 때문이기도 합니다. 위기의 순간에 리더는 어디까지 자신이 통제할 수 있고, 어디부터 자신의 능력 바깥의 일인지 기민하게 알아채야 합니다. 그래야 팀원들에게 올바른 가이드를 줄 수 있습니다.

저는 일이 어그러졌을 때 무조건 '자기 탓'만 하는 리더도 좋게 보지 않습니다. 이런 리더는 남 탓을 하지 않기에 일견 인간성이 좋은 사람으로 여겨지기 쉽습니다. 하지만 냉정하게 말하자면 이것은 어쩌면 자신의 능력 부족을 품성이라는 가림막으로 덮으려는 기만일지도 모르겠습니다. 조직과 팀원을 생각한다면 제대로 된 반성문을 써야 합니다. 그저 앞으로 잘하겠다는 허황된 다짐만 있는 글을 우리는 반성문이라고 하지 않습니다. 반성문의 본질은 자신이 무엇을 잘못했는지 되돌아보고 그것을 제대로 파악하는 것입니다. 조직이 목표한 성과를 내지 못했을 때 쓸 수 있는 가장 올바른 반성문은 내 잘못인 부분과 다른 사람의 잘못인 부분을 명확히 구분하는 것입니다. 이때 사사로운 감정을 배제하려면 자기객관화, 상황의 객관화가 필요합니다.

이는 조직 전체의 차원에서도 유효합니다. 리더가 상황을 객관화하지 못하고 특정한 생각에 사로잡혀 똘똘 뭉쳐 있으면 큰 오류가 발생합니다. 합심과 단결은 정확한 상황 분석과 이성적인 객관화를 거쳐 목표를 달성할 수 있을 때라야 제대로 된 힘을 발휘합니다. 모두 배움이 충만할 때 가능한 일입니다.

무지를 통한 혁신
겸손한 리더의 성장

무지가 리더의 역할을 수행할 때 항상 나쁘게 작용하는 것만은 아닙니다. 오히려 무지를 통해 발견되거나 해결되는 문제들도 꽤 많습니다. 리더가 솔직하게 '나는 그 사안에 대해서는 아무것도 모른다.' 하고 인정하며 프로젝트를 시작할 때 오히려 조직 내에서 혁신적인 방안이 도출되고, 제로베이스에서 아무런 편견 없이 정답에 접근하기도 합니다.

세기의 지성이자 상대성이론이라는 놀라운 발견을 한 알베르트 아인슈타인(Albert Einstein)도 자필 편지에서 자신을 '매우 무지하다(very ignorant).'라고 표현했습니다. 그는 심지어 어떤 물리학 문제는 자신의 머리로 도저히 이해할 수 없다고 고백하기도 했습니다. 중년의 아인슈타인은 동료들에게 종종 이렇게 이야기했다고도 합니다. "나에게 가장 유익한 접근 방법은 마치 아무것도 모르는 젊은 학생에게 설명하듯이 설명하는 것이다." 이와 같은 자신의 무지에 대한 인정과 겸손, 그리고 거기에서 비롯된 배움을 향한 끝없는 갈망이 그를 세계적인 과학자로 만든 것이 아닐까요?

오늘날 글로벌 대기업들은 자사의 지적 자산을 관리하는 '최고 지식 책임자(Chief Knowledge Officer, CKO)'를 두는 경우가 종종 있습니다. 재무와 경영 등의 분야뿐 아니라 기업 내부에서 찾아낸 솔루션과 지식 데이터베이스를 관리하는 일에도 최고 책임자를 두어 엄중하게 관리하는 것이지요. 그런 지식들이야말로 해당 기업의 이윤을 창출하는 핵심 자산이기 때문입니다.

그런데 지식은 결과물입니다. 지식이라는 결과를 만들기 위해서는 무지를 인정하고 기존의 지식 체계를 벗어나는 과정이 필요합니다. 무지를 잘 활용한다면 오히려 전혀 생각지 못한 성과가 나오기도 합니다. 리더가 자신의 무지를 인정하고 기꺼이 새로운 배움의 시작점에 설 수 있다면 조직 전체의 지적 수준과 함량이 대폭 올라가기도 합니다.

어떤 일에 익숙하지 않고 잘 모르기에 매너리즘에 빠지지 않고 창의적인 접근으로 성공한 경우에 '멋모르고 그렇게 했더니…'라는 말을 하게 됩니다. 저도 그랬습니다. 오래전 저는 법무업무만 하다가 갑자기 대관업무를 맡게 된 적이 있습니다. 대관 담당자가 없던 회사라서 법무를 하던 제가 공정거래위원회에 출입했어야 되었고, 그걸 시작으로 당시 과천 정부청사를 드나드는 대관업무를 새로이 맡게 된 것입니다. 저는 대관업무를 배울 기회도, 경험도, 선배도, 지식도 없었습니다. 당시에 대관업무는 보통 공직에 있는 분들과 밥과 술도 먹고, 골프도 치고, 경조사에도 적극 달려가는 그야말로 낮밤이 없는 일이었습니다. 저는 그런 방식을 모르니 근무시간에 꼬박꼬박 과천청사에 가서 대기했다가 업무를 협의하고, 식사를 해야 하는 경우는 남들 다 보는 과천 근처 식당에서 먹었습니다. 관행을 모르니 그저 용감하게 서류를 들고 가 공무원들에게 진정성과 정확성으로 어필하는 게 다였습니다. 참 눈치가 없었던 시절이었지요.

한번은 삼겹살 집에서 주무관 한 분과 같이 식사를 하다가 그분이 집에 전화하는 것을 듣게 되었습니다. 햄버거를 먹기로 한 약속을 지키지 못해서 미안하다는 말을 듣고 그냥 저나 그분이나 일로 고생 많다는 생각이 들었고, 슬그머니 일어나 근처에 있는 햄버거 가게에 가서 햄버거를 한 봉투 사서 그분께 드렸지요. 당시 햄버거 가격이 천 원쯤 했으려나요? 어쨌든 그 일로 그분과는 관계도 좋아지고 일도 속도감 있게 풀렸습니다.

백지에서 시작한 저의 대관업무는 늘 일이 먼저였고, 상대에게 조그만 성의를 보이는 정도의 스타일로 자리 잡았습니다. 그럼에도 계속 좋은 성과를 냈습니다. 무지하면 때로는 남이 가던 길을 모르니 자기만의 길을 만들게 되고 그 길은 본인의 지식과 지혜로 개척한 새 길이 되는 것이지요.

2

무책임

책임을 회피하는 순간, 리더십은 무너진다

책임지지 않는 리더는 더 이상 리더가 아니다

리더는 책임지는 자리입니다. 월급은 '책임값'이라는 말이 나오는 이유이지요. 리더의 기본 소임은 조직이 맡은 일에 책임지는 것이기 때문에 팀원들은 책임지지 않는 리더를 혐오합니다. 그렇다면 리더는 왜 조직의 결과에 책임을 져야 할까요? 리더는 자신에게 부여된 권한과 자원으로 일을 합니다. 권한에는 인사권, 평가권, 보상권, 결정권 등이 모두 포함됩니다. 한편 자원에는 팀원의 재능과 시간, 회사 돈이 포함됩니다. 리더는 자신에게 주어진 권한과 자원을 가능한 범위 안에서 최대한 사용할 수 있습니다. 특히 팀원의 재능과 시간은 리더가 사용 가능한 자원이라는 측면을 넘어 팀원 개인의 인생이나 업무적 성과와도 관련됩니다. 따라서 리더는 팀원들의 재능과 시간, 조직의 돈과 힘을 자기가 빌려서 사용한 만큼 그에 걸맞은 책임을 져야 합니다.

그런데 리더들 중에는 지시를 해놓고 결과에 책임을 지지 않는 사람들도 있습니다. 이들은 팀원과 조직의 능력을 쓸데없이 낭비한 아주 나쁜 리더들입니다. 무책임한 리더는 무능한 리더보다 더 나쁩니다. 무능은 의도치 않은 결과이지만 무책임은 의도적이기 때문입니다.

리더 역시 사람이기에 자신이 한 일에 대해 늘 좋은 평가가 나오길 기대합니다. 안 좋은 결과를 맞이하면 당연히 리더도 흔들립니다. 멘탈이 깨지고 위치가 불안해지며 권위가 약해집니다. 그렇다 보니 일이 잘되면 내 공으로만 돌리고 싶고 일이 잘 안 풀리면 남 탓을 하고 싶은 게 인지상정입니다.

하지만 조직을 이끄는 리더가 그렇게 비겁해서는 안 됩니다. 그럼에도 리더들 가운데에는 생존을 위해 아주 이기적으로 처신하는 리더들이 존재합니다. 특히 오랫동안 안일한 보신주의와 자기방어로 일관해 온 리더는 자신의 책임을 돌리는 방법을 더욱 잘 압니다. 그것이 그들의 생존 방식이었기 때문이지요. 심지어 일에 착수하기 전부터 자신이 빠져나갈 구멍을 만들어 놓는 리더도 적지 않습니다. 이는 조직에 큰 피해를 주는 리더 스타일 중 하나입니다.

이런 리더가 전면에 나서면 프로젝트가 종료된 후 일이 잘되어도, 잘못되어도 문제가 생깁니다. 책임 소재가 불분명하니 일이 잘되거나 혹은 잘못된 이유를 명확히 검증할 수 없고, 이는 논공행상(論功行賞, 공적의 크고 작음 따위를 논의하여 그에 알맞은 상을 줌)의 어려움으로 이어집니다. 쉽게 말해 진짜 공로가 있는 사람이 승진이나 연봉 인상에서 누락되거나 반대로 문제를 야기한 사람이 제대로 된 조치를 받지 않고 넘어가기도 합니다. 이렇게 되면 조직 내 상벌체제나 인사고과 기준 등에 대한 신뢰가 무너지는 것은 시간문제입니다. 안타깝게도 이런 구멍은 한 번에 만들어지지 않습니다. 책임지지 않는 비겁한 리더들이 희생양을 만들거나 책임을 희석하는 일이 차츰 반복되면서 조직 내부의 신뢰에 금이 가기 시작합니다.

그렇다면 무책임한 리더들은 어떤 식으로 책임을 회피할까요? 그들은 상황에 대한 판단을 혼란스럽게 만들거나 자신이 져야 할 책임을 균등하게 나누어 팀원들과 나눕니다. 가령 어떤 일을 추진함에 있어서 대담하고 전격적인 결정이 필요한데, 그 한 번의 결정이 잘못되면 큰 책임을 지게 되는 상황이라고 칩시다. 이때 그 일을 제대로 장악하고 있지 못한 리더는 최종 결정자에게 해당 업무에 대한 결정을 보고하기 전 여러 중간 결정자에게 협조를 구하거나 의견을 회람해 받은 후 그 내용을 함께 올리기도 합니다. 즉, 의사결정의 책임을 희석하는 것인데요. 이는 일종의 배임이나 마찬가지입니다. 저는 조직에서 법무팀장으로 오랫동안 일을 했는데 타 팀에서 협조나 중간 결정을 요청할 때가 많았습니다. 아무래도 조직에서 어떤 일을 추진할 때 법적으로 문제의 소지가 없어야 하니 자체적으로 의사결정을 내린 후 상부에 보고하기보다는 법무팀의 조언을 구하고 그것을 근거로 업무를 추진하는 경우가 많았기 때문입니다. 그런데 때로는 저의 의견이나 중간 결정은 해당 팀 리더가 이후 책임을 희석하기 위한 일종의 '보험용'으로 사용되곤 했습니다. 저 역시 집단의 힘에 이끌려 서명한 경우도 있었지요.

　종종 조직에서는 '위원회'를 소집해 중요한 의사결정을 맡기기도 합니다. 이는 해당 분야의 전문가들이 모여서 심도 있고 치밀하게 논의하게 한 후 가장 나은 방향으로 의사결정을 할 수 있다는 장점이 있습니다. 하지만 일이 잘못됐을 경우, 궁극적으로 '모두의 책임'으로 만들어 어느 한 명의 책임이 아니게 하는 데 쓰이기도 합니다. 그런데 성과란 반드시 책임이 뒤따라야 정확히 값이 매겨집니다. 책임 소재가 희미해지면 성과를 논하기가 어려워집니다. 신상필벌(信賞必罰, 상과 벌을 공정하고 엄중하게 하는 일)도 사라지는 것이지요.

신뢰를 잃은 리더는 모든 것을 잃는다

리더에게 있어 신뢰는 모든 것이라고 해도 과언이 아닙니다. 리더는 항상 팔로워들의 기대에 부응해야 하는데, 이 기대는 크게 두 가지로 나눌 수 있습니다. 바로 '신뢰'와 '성과'입니다. 팔로워들은 리더에 대한 '존경자산'을 지키고 싶어 하며, 동시에 성과 면에서도 끊임없이 새로운 기대를 품습니다. 과거의 영광에 안주하는 것을 용납하지 않으며 리더다움을 계속해서 증명하기를 원합니다.

　이 두 가지 중 하나라도 충족되지 않으면 팔로워들은 실망하기 시작합니다. 실망은 곧 비난으로 이어지며, 특히 높은 신뢰와 존경을 받았던 리더일수록 그 역풍은 더 강력합니다. "내가 믿었던 사람이 어떻게 이럴 수 있나."라는 배신감과 분노가 함께 분출되면서 팔로워들은 외면을 넘어 적극적인 저항으로 돌아서게 됩니다.

따라서 리더는 신뢰를 지키기 위해 모든 것을 걸어야 하며 이는 필연적으로 책임을 수반합니다. 진정한 리더는 자신의 한계를 정확히 알고 그 범위 내에서 성공을 이루는 사람입니다.

과거의 성과가 아무리 훌륭했더라도 리더의 성패는 항상 최신의 성과로 판가름 납니다. 마치 백 번을 이긴 장수라도 마지막 전투에서 패배해 중요한 고지를 내준다면 실패한 리더로 기록되는 것과 같습니다.

그래서 리더는 두 번째, 세 번째 시도에 더욱 신중해야 합니다. 첫 성공의 경험은 잊고 겸손한 자세로 새로운 도전에 임해야 하며 객관적인 상황 판단을 통해 전진과 후퇴를 결정해야 합니다. 상황을 제대로 파악하지 못했든, 알면서도 무리하게 시도했든, 실패는 실패입니다.

그렇지만 사업상 실패는 회복할 수 있습니다. 하지만 실패 후 리더가 책임지지 않을 때 그 리더는 진짜 실패자입니다. 이 실패는 회복하기도 어렵습니다. 신뢰를 잃었기 때문입니다.

조직의 엔진을 멈추게 하는 리더의 무책임

무책임한 리더들은 팀원들에게 수치심을 주고 사기를 떨어뜨립니다. 많은 팀원이 조직을 떠나는 이유 중 하나는 리더에 대한 실망감 때문입니다. '내가 이 조직에서 계속 있으면 결국 저 리더처럼 되겠구나.' 싶은 모습을 목격하는 순간, 업무 의욕이 떨어지고 회의감이 밀려오지요. 특히 팀원이 일에서 깊은 회의감을 느낄 때는 존경하던 리더가 결정적인 순간 비겁해지는 모습을 볼 때입니다. 리더가 조직을 위해서 비겁한 선택을 하는 것이라면 팀원들은 이해합니다. 그런데 자신의 안위만을 위해 무책임한 행동을 보이면 팀원들은 크게 실망합니다. 실망에서만 그치면 다행입니다. 이윽고 팀원의 마음속에서는 리더의 권위에 대한 의문이 생기고 나아가 그 권위에 도전하게 됩니다.

　게다가 조직 전체가 비겁한 리더를 문책하기는커녕 두둔만 한다면 팀원들은 조직의 권위에 맞서게 됩니다. 팀원들의 눈에는 자기 팀의 리더와 상부 조직이 한 패로 보이는 것이지요. 문제는 조직이나 리더의 권위가 무너지는 것이 곧 조직의 성과를 올리는 엔진을 멈추게 한다는 점입니다. 믿고 의지할 대상 없이 배신감만 느끼는 팀원들이 무엇을 에너지로 삼아 일할 수 있을까요? 엔진이 작동하지 않는 자동차는 시동이 걸리지 않습니다. 달리지 못하는 차를 과연 차라고 할 수 있을까요? 이처럼 리더의 무책임이 심화되면 조직은 생산적인 활동을 멈추게 됩니다.

　무책임은 조직 개선의 가능성을 없앤다는 것을 의미하기도 합니다. 개선이란 잘못된 부분을 수정하는 것을 가리킵니다. 잘못된 부분을 제대로 들여다본다는 것은 일의 결과에 책임을 지고 다음번에는 같은 실수를 하지 않겠다는 뜻입니다. 그런데 만일 어떤 결과가 나타났을 때 그것에 아무도 책임을 지지 않거나, 엉뚱한 사람이 책임을 지게 되면 원인을 제대로 파악할 수 없습니다. 자연스레 개선의 가능성도 사라집니다.

　리더가 조직의 일에 책임을 진다는 것은 단순히 나쁜 결과에 대해 개인적으로 불이익을 받는 것 이상의 의미를 가집니다. 리더가 책임을 지는 것은 조직과 팀원 모두가 앞으로 나쁜 결과를 반복하지 않기 위해 개선점을 찾아나가는 것에 가깝습니다.

가령 어느 해에 A라는 대기업의 한 부문이 다른 부문에 비해 성과가 좋지 않았다고 칩시다. 그러면 대개의 경우 이듬해 인사고과에서 해당 부문의 리더는 다른 사람으로 교체됩니다. 이는 그해 미진한 성과에 대한 문책성 인사일 뿐만 아니라 조직 전체에 이전 리더와 같은 전례를 반복하지 말라는 경고를 전달하는 방식입니다. 아마도 새로운 리더로 임명된 사람은 이전 리더가 일하던 방식과는 다른 식의 의사결정을 내리며 개선된 방향으로 조직을 이끌 것입니다. 인적 쇄신을 통해 조직의 경영 방식을 바꿈으로써 이른바 '체질 개선'을 하는 것이지요.

반면에 리더가 나쁜 결과에 책임을 지지 않고 그 자리에 계속 머물면 아주 큰 부작용이 생깁니다. 만일 그런 리더가 조직에서 높은 자리에 올라 빅 리더까지 된다면 이 조직은 두 가지 방향으로 문제가 생길 수 있습니다.

우선 빅 리더부터 면피를 잘한 덕분에 그 자리에 올랐으니 다들 책임을 떠넘기느라 급급할 것입니다. 반대의 경우도 썩 좋지는 않습니다. 바로 무책임함 덕분에 빅 리더가 된 이가 자신만 제외하고 다른 리더들(자신의 아랫사람)에게는 날카로운 잣대를 들이대며 그들을 재단하는 경우입니다. 이러면 리더들은 책임질 일을 하느니 차라리 아무것도 안 하고 맙니다. 만약 일이 맡겨진다면 자신의 빅 리더를 벤치마킹해서 똑같이 책임에서 탈출하는 데만 몰두할 겁니다. 어느 쪽이든 모두가 일하지 않는 조직이 될 가능성이 큰 것이지요.

이렇게 어떤 조직이든 그 조직의 '장(Head)'이 어떤 스타일인지에 따라 조직의 색이 결정됩니다. 리더가 혼탁한 사람이면 조직의 컬러도 그와 비슷한 결로 흘러갈 수밖에 없습니다. 조직문화라는 것이 만들어지는 매커니즘이 그렇습니다.

책임지는 리더가 되려면

그렇다면 리더가 책임지는 모습을 보이기 위해서는 어떻게 해야 할까요? 우리는 인간이기에 종종 중요한 것들을 잊게 됩니다. 그렇다 보니 처음에는 자신의 권한과 가용한 자원에 대해 또렷이 인식하던 리더도 시간이 갈수록 그것에 익숙해지고 맙니다. 즉, 내 팀원은 자신에게 주어진, 자신이 부릴 수 있는 당연한 인력이고 리더라는 자리는 자신에게 주어진 정당한 보상이라고 생각하게 되는 것이지요.

다들 기업 임원을 대단한 자리로 생각하지만 사실 임원들끼리는 자조적으로 '고액 계약직'이라고 말하기도 합니다. 임원직에 있을 때 누리는 권한들이 무색하게 회사에서 나가라고 하는 순간 하루아침에 자리가 사라질 수도 있기 때문입니다. 그러니 웬만큼 탄탄한 성과를 올리지 않으면 연말연시 인사고과 철이 되면 안절부절 못하게 됩니다. '내가 이 회사에 앞으로 얼마나 더 다닐 수 있을까'를 생각하면 명패가 올려진 내 책상, 나를 리더로 불러주는 팀원들이 그렇게 고마울 수가 없습니다. 저는 리더의 책임감이 여기에서, 즉 내가 지닌 권한과 나의 팀원들에 대한 제대로 된 자각에서 시작된다고 봅니다. 조직과 팀원에게 고마움을 느끼는 리더라면 무책임할 수 없습니다. 내가 내 역할을 다하는 동안에만 내 자리와 권한, 팀원과 법인카드가 주어진다는 냉정한 현실을 간과하지 않을 때 책임을 다하겠다는 결의와 일에 대한 애정이 솟아오릅니다.

리더의 자리는 남의 시선을 의식할 수밖에 없는 노출된 위치입니다. 축구나 농구 경기장 등에 가면 감독은 선수들과 같은 팀이지만 동일한 유니폼을 입고 있지 않습니다. 대체로 정장을 갖춰 입고 경기장 밖에서 선수들에게 지시를 내립니다. 그리고 감독의 일거수일투족을 관중들과 상대팀이 지켜봅니다. 이때 감독은 무슨 생각을 해야 할까요? 바로 자신의 모든 언행이 승리와 패배에 영향을 끼친다고 생각해야 합니다. 리더는 자기가 어떤 모습을 팀원들에게 보여야 하는지, 그 모습이 조직의 승리에 얼마나 어떻게 도움이 될지 늘 염두에 두어야 합니다.

리더의 책임은 반성이고 결단이며 개선입니다. 리더는 알아야 합니다. 무책임한 리더에게 세상은 몇 번씩 기회를 주지 않는다는 것, 그리고 한 번 책임을 진다고 해서 세상이 끝나지 않는다는 것을 말이지요. 만일 자신의 오판으로 인해 조직이 추진한 일이 실패했다면 책임을 회피할 것이 아니라 철저히 책임을 짐으로써 개인적으로는 자신의 불명예를 회복하고 조직 차원에서는 개선을 도모하는 것이 옳습니다.

3

무능
조직을 식물인간으로 만드는 리더의 무능함

무능한 리더는 조용한 조직 킬러

리더라고 모두 유능할까요? 예전에는 리더의 위치에 있는 사람이라면 일단 실력이 있다고 인정했습니다. 그 자리에 있는 사람이라면 믿을 만한 무언가가 있을 거라고 생각한 것이지요. 그런데 요즘은 예전과 달리 정보가 투명하게 공개되고 온라인 등을 통해 관계 맺음의 방식이 확장되면서 한 사람에 대한 평판이 생각보다 널리 빠르게 알려집니다. 그만큼 무능한 리더는 금방 밑천이 드러나기 마련이지요.

리더의 무능함이란 정확히 무엇을 뜻할까요? 바로 자기 역할을 못하는 것입니다. 무능은 리더가 제 역할을 못하는 원인이기도 하지만 역할을 못한 결과이기도 합니다.

세상의 모든 조직은 고객이 풀고 싶어 하는 문제를 대신 풀어 주고 돈을 법니다. 배달 회사는 고객을 대신해 배달을 하고, 에너지 회사는 고객을 위해서 전력을 공급합니다. 그리고 그 대가로 배달료와 전기료를 받습니다. 정부도 국민을 보호해 주며 그 대가로 세금을 받습니다. 문제를 해결해 주고 대가를 받는 것은 모든 조직이 생존하고 번영하는 방법입니다. 그러므로 조직의 모든 리더는 무엇보다 문제를 잘 풀어야 합니다.

그런데 안타깝게도 문제 해결 능력이 없는 리더들이 어느 조직에나 있습니다. 그들의 문제는 문제 자체가 무엇인지 이해하지 못하는 데서 시작합니다. 고객의 문제가 무엇인지, 조직은 그 문제를 어떻게 해결해야 하는지, 팀원들과는 어떻게 함께 문제를 풀어가야 할지 모르는 것이지요. 당장 리더에게 '우리 조직의 문제는 무엇일까요?', '우리 고객의 문제는 무엇일까요?', '당신의 문제는 무엇일까요?'라고 한번 물어보십시오. 여기에 명확하게 대답할 수 있는 리더라면 훌륭한 리더입니다. 반면에 문제가 없다고 하거나 혹은 우물쭈물한다면 리더로서 실격입니다. 즉, 리더의 유능과 무능을 가르는 출발점은 문제를 정확히 알고 있는지 여부입니다.

무능한 리더는 조직으로 하여금 수익에 대한 감각을 둔감하게 만듭니다. 조직 안에서 문제의식이 사라지면 조직은 식물인간이나 다름없습니다. 숨은 쉬고 있지만 인지 능력을 비롯해 삶을 살아가기 위한 어떤 활동도 하지 못하는 상태인 것이지요. 그래서 무능한 리더는 조용한 조직 킬러나 다름없습니다.

한편 무능한 리더는 무능한 팀원을 만듭니다. 자신부터 아는 게 없으니 남을 가르칠 도리도 없습니다. 회사는 사장이 지닌 그릇의 크기만큼 성장한다는 말이 그래서 나온 것입니다. 팀원도 마찬가지입니다. 팀원은 리더의 크기만큼 성장합니다. 아무리 유능한 사람이라도 자기가 보지 못한 세상을 타인에게 보여줄 수는 없습니다. 일을 성공적으로 해낸 경험이 없는 리더가 팀원에게 일을 해내도록 도울 수는 없지요.

조직이 하향 평준화되고 있다면 이유는 자명합니다. 리더가 상향하고 있지 않기 때문입니다. 리더의 무능은 리더의 책상 앞에서 멈추지 않습니다. 리더의 공간을 너머 모든 조직으로 퍼져나가 무능에 전염되게 만듭니다. 설령 무능한 리더 밑에 유능하고 가능성이 무궁무진한 팀원이 들어온다고 해도 이런 팀원이 무능한 리더 밑에서 성장하기란 쉽지 않습니다. 무능한 리더가 시기심까지 있다면 유능한 팀원이 돋보이는 것을 싫어하거나 두려워합니다. 그리고 자신에게 주어진 권위로 유능한 팀원을 억누릅니다.

복사기에는 축소복사라는 기능이 있습니다. 원래 사이즈의 70~80퍼센트로 작게 복사하는 기능이지요. 무능한 리더는 유능한 팀원을 축소복사 시킵니다. 무능한 리더가 무능한 팀원을 양산하는 메커니즘이지요. 이런 조직원들이 늘어나면 당연히 그 조직은 무능한 조직으로 전락합니다.

무능한 리더의 세 가지 얼굴

무능한 리더들은 몇 가지 공통점이 있습니다. 우선 무능한 리더는 유능한 리더를 끌어내리고 그들의 성과를 가로챕니다. 인간은 자신의 생존을 위해서라면 무슨 짓이든 하는 존재입니다. 그렇다 보니 조직에서 자신이 죽을 것 같으면 멀쩡히 산 사람을 물속으로 밀어 넣습니다. 만일 이미 그 자신이 물 안에 빠졌다면 혼자 죽을 수 없다는 심정으로 밖에 있는 사람을 물속으로 끌어내리기도 합니다.

유능한 리더가 묵묵히 자기 일을 할 때 무능한 리더는 어떻게 하면 유능한 리더를 곤경에 빠뜨릴지 궁리합니다. 이런 사람들이 한둘이 아니라 그룹을 이루면 무능한 리더끼리 모여서 작당 모의를 하지요.

삼성그룹 고(故) 이건희 회장은 나쁜 리더를 경계하며 이렇게 말했습니다. "많이 바뀔 사람은 많이 바뀌어서 많이 기여해라. 적게 바뀔 사람은 적게 바뀌어서 적게 기여해라. 그러나 남의 뒷다리는 절대 잡지 마라." 또한 이건희 회장은 "어느 조직이든 좋은 쪽 5퍼센트와 나쁜 쪽 5퍼센트가 극단을 이루고 있고, 나머지는 어느 쪽이 잘되느냐에 따라가게 돼 있다. 경영자의 역할은 뒷다리를 붙잡는 5퍼센트를 집어내고 잘하려는 5퍼센트에 힘을 몰아줘 그 방향으로 나가도록 하는 데 있다."라고 말했습니다.

무능한 리더가 유능한 리더에게 피해를 주는 방식은 크게 세 가지입니다. 첫째, 프리 라이드(Free Ride), 즉 무임승차입니다. 유능한 리더의 성과에 묻어가며 자신은 단물만 먹겠다는 심보입니다. 둘째, 유능한 리더가 해놓은 일을 자기 성과인 양 가로채는 것입니다. 셋째, 유능한 리더가 끝내 조직을 떠나게 만들어서 자신의 존재를 돋보이게 하는 것입니다. 그래서 무능한 리더는 정확한 평가를 통해 성과와 책임이 공정하게 분배되는 것을 원하지 않습니다.

또한 무능한 리더는 대체로 협업을 하지 않습니다. 협업을 하면 자신의 능력 부족이 탄로 나기 때문입니다. 물론 반대의 경우도 있습니다. 무능한데 무조건 협업을 하려는 리더도 있습니다. 협업을 좋아한다니 얼핏 들으면 긍정적인 자질인 듯하지만 실은 숨어 있는 큰 장애물입니다.

조직에서 협업은 무척 중요합니다. 협업을 통해 팀원들은 자신의 부족한 부분을 보완하며 시스템 속에서 최고의 총합을 만들어 냅니다. 그런데 이런 긍정적인 협업이 이루어지려면 한 가지 전제가 있습니다. 각 팀원마다 팀의 목표를 달성하기 위해 기여할 수 있는 자기만의 능력이 있어야 합니다. 또한 자신에게 할당된 업무를 능히 해낼 수 있어야 합니다. 역할이 크면 큰 대로 작으면 작은 대로 자기 역할을 해야 하는 것이지요. 영화에는 주인공만 등장하지 않습니다. 조연도 제 역할을 합니다. 그런데 무능한 리더는 조연 역할조차 안 합니다. 협업이라는 이름 뒤에 숨는 리더는 카메라는 돌고 있는데 자기에게 주어진 역할을 제대로 하지 않는 배우와 같습니다.

제가 직장 생활을 할 때도 그런 리더가 있었습니다. 그는 조직에서 무슨 일을 맡으면 무조건 새로운 태스크 포스(TF) 팀부터 만들었습니다. 문제는 거기에서 그의 일이 끝난다는 것이었습니다. 이후 좋은 성과가 나면 자신이 모든 일을 한 것처럼 보고하고 빅 리더의 칭찬을 받는 영광도 놓치지 않았지요. 이처럼 무능한 리더는 자신만 빼고 모두가 일하길 바랍니다. 구내식당 밥값조차 안 하는 행태라고 봅니다.

　마지막으로 무능한 리더는 조직을 속입니다. 어떠한 리더도 자신이 무능해 보이기를 원하지 않습니다. 실제로는 무능하지만 유능해 보이기를 원합니다. 자연스럽게 무능한 리더는 조직을 기만하는 기술이 늘어납니다. 특히 팀원들은 모두 아는 리더 자신의 무능이 빅 리더에게 전달되지 않도록 차단막을 치는 데 능숙합니다. 거래처도, 고객도, 외부의 많은 이들이 다 아는 자신의 무능을 감추기 위해 이들과 조직 사이의 의사소통을 방해합니다. 그 방법 중 하나는 자신의 실적을 과장해 말하는 것입니다. 앞으로 일을 어떻게 할 것인지 미래지향적으로 생각하기보다는 이미 완료된 일 중 좋은 결과를 얻은 것들을 자신이 한 것인 양 떠들고 다닙니다. 그러므로 조직은 유달리 자화자찬을 자주 하는 리더를 의심해야 합니다.

이것이 리더의 능력이 된다

리더가 유능해지려면 어떻게 해야 할까요? 능력이란 성과를 만들 수 있는 역량과 태도를 말합니다. 유능한 리더가 되고 싶다면 우선 태도부터 바로잡아야 합니다. 작은 일도 소홀히 하지 않는 신중함과 맡은 일은 반드시 해내겠다는 책임감은 기본입니다. 자신의 부족함을 채우겠다는 겸손함과 자신이 잘하는 것을 찾아내어 성과로 연결하는 현명함도 필요합니다. 역량은 이러한 태도들을 가시적으로 바꾸어 자기 내면에 심은 힘입니다. 즉, 태도를 바로잡고 그 태도를 자신의 내면에 이식하여 현장에서 사용할 수 있으면 그게 곧 역량이 됩니다.

리더의 유능과 무능을 가르는 데는 상황 변수도 종종 영향을 미칩니다. 저는 해운회사에 근무한 적이 있습니다. 해운회사는 해상운임지수에 따라 불황과 호황을 직면하게 됩니다. 아무리 유능한 리더라도 해상운임지수가 회사에 불리할 때는 실력을 발휘하기 어렵습니다. 그럴 때 유능한 리더는 해상운임지수가 나아질 때까지 회사의 상황을 안정적으로 유지할 줄 아는 사람입니다.

이렇게 리더의 업무 능력을 평가하는 잣대는 상황에 따라 종종 달라집니다. 하지만 그렇다고 해도 리더가 가진 태도와 이를 실용화하는 역량이 훌륭하다면 어떤 상황에서도 빛을 발하게 됩니다. 즉, 성과가 비록 일시적으로 떨어진다고 해도 리더가 훌륭한 태도를 유지하며 역량을 조금이라도 발휘하기 위해 애쓰고 있다면 그 리더는 유능하다고 평가받습니다. 따라서 무능하다고 평가받는 리더는 자신의 태도부터 다시 살펴봐야 합니다.

리더가 무능함에서 벗어나는 또 하나의 방법은 유능한 사람들을 최대한 많이 만나는 것입니다. 방법은 다양합니다. 대면 미팅도 좋고, 온라인도 좋고, 1대 다수의 세미나도 좋습니다. 전화 한 통을 하는 것도, 이메일을 한두 번씩 주고받는 것도 괜찮은 방법입니다. 리더가 유능해지려면 자신과 세상의 접점을 스스로 최대한 늘려야 합니다.

이제 세상이 변했습니다. 은둔형 리더나 조용한 우등생은 더 이상 주목받지 못하며 성장할 수도 없습니다. 리더는 본래 존재를 드러내야 하는 자리입니다. 리더에게 숨을 그늘은 없습니다. 리더가 세상을 향해 자기 존재를 노출하는 이유는 잘난 척을 하고 싶어서가 아니라 조직의 안녕을 위해서입니다.

제가 아는 리더 중 한 분은 심각한 IMF 구제 금융 위기가 오기 직전에 회사의 재무 대책을 미리 잘 세워놓아 승진했습니다. IMF 구제 금융 위기는 국내 문제였다기보다 국제적인 외부 변수에 의한 금융 위기였습니다. 따라서 국내의 정보에만 집중하고 해외 상황에 대한 정보가 없는 기업들은 곧 닥칠 재앙을 도저히 알 수가 없는 상황이었습니다. 하지만 그분은 외국에서 당시 한국을 어떻게 바라보는지를 최대한 여러 채널을 통해 확인했고 우연이든 의도적이었든 간에 적절한 시점에 좋은 재무 대책을 수립해 회사 전체를 큰 리스크에서 구해냈습니다.

이처럼 리더는 유능한 사람들을 최대한 많이 만나 그들로부터 새로운 정보를 얻고 배우며 자신의 부족한 부분을 메워야 합니다. 그러다 보면 부족했던 부분에서도 점차 능력을 발휘하게 될 것입니다.

아문센은 어떻게 남극점에 먼저 도착했나

노르웨이 탐험가 로알 아문센(Roald Amundsen)과 영국 탐험가 로버트 스콧(Robert Falcon Scott)의 남극점 정복 경쟁은 유능한 리더십과 무능한 리더십의 차이를 잘 보여주는 사례입니다. 스콧과 아문센은 다양한 면에서 리더로서 능력 차이를 보였습니다. 이 둘은 우선 준비한 장비와 동물이 달랐습니다.

스콧은 남극점 탐험을 위해 특수 제작된 모터 썰매 2대와 시베리아산 조랑말, 썰매개를 준비했습니다. 즉, 다양한 운송 수단을 사용해 여러 상황에 대비하려 했지요. 한편 아문센은 4대의 썰매와 52마리의 썰매개만 준비했습니다. 그는 썰매개만을 주요 운송 수단으로 사용해 민첩하고 효율적으로 이동하는 전략을 택했습니다. 그렇다면 실제 이동과정에서는 어땠을까요?

스콧의 탐험대가 끌고 간 모터 썰매는 고장이 났으며 기상 악화까지 겹쳐서 이동이 늦어졌습니다. 스콧이 조랑말들을 데리고 간 것도 실패한 전략이었습니다. 조랑말은 추위에도 약하고 먹이도 한정적이었습니다. 극지방 이동수단으로는 적절하지 않았던 것이지요. 한편 아문센이 선택한 썰매개는 땀샘이 없어 추위에 강하며 잡식성이라 극지방에서도 장거리 이동에 문제가 없었습니다.

스콧은 남극점으로 출발하기 전 노르웨이 탐험가인 프리드쇼프 난센(Fridtjof Nansen)의 "극지방에서는 개가 유리하다."라는 조언을 듣고도 무시했습니다. 그 결과 말이 끌어야 할 썰매를 사람이 끌게 된 것이지요.

반면 아문센의 탐험대는 썰매개를 효율적으로 활용해 남극점으로 빠르게 이동했습니다. 게다가 아문센은 썰매개 이용 기술에 대한 높은 이해가 있었고 경험도 많아 빠르고 안정적으로 이동할 수 있었습니다. 위기 상황이 닥치자 아문센은 썰매개 24마리를 식량으로 삼기도 했습니다.

탐험 경로 선택에서도 아문센이 훨씬 더 탁월했습니다. 스콧은 해발 3,000미터 이상의 매우 험난한 경로를 택한 반면, 아문센은 길이도 짧고 덜 위험한 직선 경로를 선택했습니다. 결국 아문센은 남극점을 정복했고, 스콧의 탐험대는 아문센보다 34일 늦게 남극점에 도달했으며 귀환하는 길에 전원 사망했습니다. 리더의 무리한 선택과 무능함이 팀원 전체의 생사를 갈랐던 것입니다.

4

무관심

조직의 성과를 무너뜨리는 리더의 무관심

목표를 잃어버린 리더는 무관심하다

리더가 자신이 하는 일에 관심과 흥미를 잃어버리면 어떻게 될까요? 본인은 물론 주변인들의 열정을 블랙홀처럼 빨아들여 조직을 진공상태로 만들 것입니다.

그렇다면 리더는 언제 자신의 역할에 무관심해질까요? 세상사에 대한 흥미가 떨어졌을 때일까요? 조직의 일보다 더 재미있는 일이 생겼을 때일까요? 아닙니다. 리더의 무관심은 리더 자신의 목표가 조직의 목표와 일치하지 않을 때 가장 커집니다. 조직의 목표가 나와 무관(無關)해질 때 리더의 역할에 무관심(無關心)해집니다.

조직의 중책을 맡은 리더라면 조직 내에서 자신이 설정한 목표가 있어야 하는 것이 당연합니다. 그런데 안타깝게도 현실에서는 목표가 없는 리더들이 생각보다 많습니다. 물론 목표가 있는 리더들도 있습니다. 이때는 그 목표의 방향을 잘 들여다봐야 합니다.

"팀장님의 목표는 무엇인가요?"
"나? 일 잘해서 임원 배지 다는 거지."

"부사장님 목표는 무엇이세요?"
"'부' 자 떼고 사장 되는 거지."

리더에게 목표에 대해 질문했는데 이렇게 말하는 리더가 있다면 그는 승진이 목표인 리더입니다.

"내 목표? 회사 안 잘리고 오래 다니는 거지."
"우리 애들 졸업 때까지 버티는 거지."

이렇게 답하는 리더라면 장수(長壽)가 목표인 리더입니다. 하지만 이 목표들은 한 명의 직장인으로서의 목표일 뿐, 리더의 목표라고 볼 순 없습니다. 지극히 개인적인 목표들이기 때문입니다.

저의 첫 책은 《누가 오래 가는가》입니다. 어떻게 하면 오랫동안 직장 생활을 할 수 있을지를 다룬 자기계발서였는데요. 주요 대상은 신입 사원과 주니어들로 리더들을 위해 쓴 책은 아니었습니다. 리더의 목표는 '오래'가는 것이 아니기 때문입니다. 리더의 목표는 '잘 가는 것'입니다. 여기서 '잘 간다.'라는 말의 의미는 'Good Bye'가 아니라 'Excellent Working', 즉 탁월하게 일하는 것입니다.

리더의 목표는 팀원의 목표와 달라야 합니다. 팀원의 목표는 경력이 적을수록 개인적인 목표에 가깝습니다. 나의 실력을 성장시키고 이직이나 창업을 통해 더 넓은 자리로 나아가는 것 등이 여기에 속합니다. 심지어 개인 성향에 따라 개인적인 시간을 최대한 확보하고 재택근무 등을 통해 일과 삶의 균형을 도모하는 것이 목표인 경우도 있습니다. 이것을 '좋다/나쁘다'로 가치 판단할 수는 없습니다. 개인 가치관의 문제이기 때문입니다.

반면에 리더의 목표는 조직의 목표에 더 근접해야 합니다. 리더의 목표가 조직의 목표와 다르면 리더는 자신이 가진 권한과 자원을 자신의 이익을 위해 어떻게 사용할 수 있을지 궁리하게 됩니다.

조직이 리더에게 권한과 자원을 주는 이유는 그것들을 적절히 재량껏 활용해 궁극적으로 조직의 이익을 도모하라고 주는 것입니다. 같은 이유에서 리더가 다른 마음을 먹으면 팀원보다 더 위험합니다. 팀원은 권한 등이 제한적이기 때문에 다른 마음을 품는다 한들 조직에 끼치는 손실이 크지 않은 편입니다.

반면에 리더는 위로 올라갈수록 활용할 수 있는 자원도 많아지고 권한도 그만큼 커집니다. 이런 리더가 딴마음을 품으면 조직의 곳간에 구멍이 생기는 것은 시간문제입니다. 딴마음을 품은 리더는 조직을 크게 배신합니다. 여기서 배신은 조직과 드러내고 척을 지는 것뿐 아니라 조직 안에 몸담고 있으면서 조직을 해치는 것도 포함합니다. 리더의 목표가 조직의 목표와 부합하지 않으면 리더는 조직을 배신할 확률이 높습니다.

한편 딴마음을 품는 게 아니라 아무 생각이 없는 경우도 있습니다. 목표가 아예 없는 것이지요. 이런 리더들은 출근을 해야 하니까, 회의를 해야 하니까 그냥 합니다. 관성에 찌들어 조직의 업무에 관심을 가질 여력이 없는 상태인 것입니다. 이렇게 리더가 생각이 없는데 팀원이 무슨 생각을 할 수 있겠습니까?

팀원들이 하는 많은 고민 중 하나는 도무지 리더의 생각을 알 수가 없다는 것입니다. 리더의 생각을 알 수 없는 경우는 두 가지입니다. 하나는 리더가 워낙 포커페이스라 의중을 밖으로 표현을 안 하는 경우입니다. 다른 하나는 아예 아무런 생각도, 목표 의식도 없어 겉으로 드러날 것이 없는 경우입니다. 어느 쪽이든 대하기 쉬운 리더는 아니지만 후자일 경우 팀원들의 실망감이 더 크지요.

조직 안에서 리더는 어른입니다. 나이나 경력과 상관없이 어른이어야 합니다. 어른이란 '다 자라서 자기 일에 책임을 질 수 있는 사람'입니다. 조직 안에서 리더는 자기 일과 자기 팀에 책임을 져야 하는 사람입니다. 그런데 어른 역할을 해야 하는 리더가 아무런 목표도 없고, 심지어 팀원들보다도 성숙하지 못한 행동을 하면 그런 리더는 존경과 신뢰를 받을 수 없습니다.

조직을 갉아먹는 리더의 무관심

리더의 무관심은 당연히 낮은 성과를 초래합니다. 요즘 조직의 성과 보상 시스템은 개인 성과만 다루지 않습니다. 개인 실적과 팀 실적을 합쳐서 성과를 평가하고 보상합니다. 이런 시스템에서 리더의 무관심은 한층 더 크게 해악을 끼칩니다. 어느 작은 조직의 구성원이 리더 한 명과 팀원 다섯 명이라고 칩시다. 이때 리더는 전체의 1/6 역할을 하는 사람이 아닙니다. 팀원 세 명과 맞먹는 1/2의 역할을 해야 합니다. 그러니 만약 리더의 무관심으로 인해 팀 전체의 성과가 낮아지면 1/6만큼이 아니라 절반을 깎아 먹는 셈입니다. 하지만 현장의 많은 리더들은 이 사실을 제대로 인식하지 못합니다.

리더들과 대화를 하다 보면 의외로 자신이 가진 힘과 영향력을 잘 모른다고 느낄 때가 많습니다. 직급과 관계없이 그랬습니다. 그 이유가 무엇일까요? 원인 중 하나는 회사가 개인을 기능적으로만 대하는 데 있습니다. 이런 환경에서는 리더와 팀원들은 자신의 위치를 잘 파악하지 못합니다. 가령 '대리, 과장, 프로, 선임, 책임' 등의 호칭을 연차가 올라가면서 자연스럽게 부여되는 직위 정도로 여깁니다. 또한 자기 의지와 힘으로 리더 자리에 올라섰다기보다는 조직이 자신을 그 자리에 올려놓았다고 생각하다 보니 리더라는 자리에 대한 의식이 희박합니다.

리더들에게 "리더가 되니 뭐가 달라졌나요?"라고 물으면 많은 이들이 "달라진 건 잘 모르겠고 책임만 많아졌어요."라고 답합니다. 이런 경우는 리더의 자리를 내준 조직에도 문제가 있고, 리더일 때와 팀원일 때의 차이를 알아채지 못하는 리더 본인에게도 문제가 있습니다.

사실 리더는 자신이 맡은 팀의 성과를 적어도 50퍼센트 이상 결정합니다. 그런데 리더가 팀원이나 조직 전체의 목표에 무관심하고 더 나아가 냉소적이라면 좋은 성과는 절대 나올 수가 없습니다. 세상사 모든 결과는 고민한 시간과 에너지에 비례합니다.

저는 임원으로서 상무 직급까지 역임한 후 회사를 떠났습니다. 그런데 어떻게 수많은 사장들 앞에서 리더십에 대해 강의할 수 있을까요? 그것은 제가 리더십이란 주제에 관심이 많았고, 어떻게 해야 리더십과 리더의 역할에 대해 쉽게 설명할지를 (사장들이 회사일을 하는 동안) 백 번, 천 번 생각하고 글로 정리했기 때문입니다. 관심을 가지고 리더십이란 주제를 제 것으로 소화하기 위해 노력한 시간들이 있었기에 가능한 것이었지요. 즉, 모든 성취는 관심에서 비롯됩니다. 리더가 무관심하다면 조직의 성과는 절대 기대할 수 없습니다.

관심과 호기심 가득한 리더가 되려면

제가 본 성공한 리더들에게는 한 가지 공통점이 있습니다. 바로 세상 돌아가는 일에 관심이 많다는 점입니다. 소위 '호기심 대마왕'들이지요. 심지어 자신의 업무와 관계없는 일에도 관심을 기울입니다. 가령 식당을 가면 "이 음식은 어떻게 만드나요?"라고 셰프에게 물어봅니다. 해외 출장에서 새로운 것을 보면 "저 것은 왜 만들어졌을까요?"라고 질문합니다.

온통 궁금한 것 투성이입니다. 만일 그 자리에서 답이 안 나오면 인터넷으로 찾아보거나 그것을 잘 알 만한 누군가에게 꼭 물어보고 답을 찾습니다.

처음에는 이런 분들을 보고 때때로 '참 오지랖도 넓으시다.'라고 생각하기도 했습니다. 하지만 이제 와서 돌아보면 그분들은 질문을 던지고 답을 알아내는 습관이 몸에 밴 분들이었습니다. 그러니 조직에서도 일이 잘되면 왜 잘되나, 안 되면 왜 안 되나 하고 하루 종일 스스로 또는 다른 이들에게 묻고 답을 기어이 찾아냈던 것입니다.

이런 분들은 얼핏 보면 쓸데없는 것까지 궁금해하는 것 같기도 합니다. 하지만 답을 알아내고 난 뒤의 행동이 남다릅니다. 즉, 그 답을 자신과 조직의 목표와 성과에 어떻게 접목할지 궁리합니다. 이를테면 외국 출장길에 먹은 음식이 맛있으면 '이 브랜드를 한국에 들여올까?' 하고 생각하는 것입니다. 이처럼 무관심이 자리 잡을 수 없도록 머릿속과 마음속을 관심과 호기심으로 채우는 것, 그것이야말로 무관심을 없애는 가장 좋은 방법입니다.

리더의 호기심이 조직에 큰 이익을 가져다준 사례를 하나 말씀드리겠습니다. 트위터의 공동 창립자이자 전 CEO였던 잭 패트릭 도르지(Jack Patrick Dorsey)라는 미국 인터넷 기업가의 이야기입니다. 그에게는 짐 맥킬비(Jim McKelvey)라는 유리공예 아티스트 친구가 있었습니다. 오래전 맥킬비처럼 독립적인 사업을 하고 이동이 잦은 아티스트들은 일부 카드 거래가 제한되었으며 카드 리더기를 소지하기도 어려웠습니다. 맥킬비도 마찬가지였습니다. 그는 2,000달러짜리 유리 수도꼭지를 고객에게 판매하고자 했는데 맥킬비의 스튜디오에서는 마스터 카드와 비자 카드만 결제가 가능했습니다. 그래서 다른 카드를 지닌 고객을 놓치곤 했습니다.

어느 날 도르지는 맥킬비의 얘기를 듣고 왜 이런 문제가 발생하는지 호기심을 갖게 됐습니다. 그리고 이를 해결할 방법을 고민한 끝에 언제든 아이폰 단자에 꽂아 사용할 수 있는 카드 리더기를 발명했습니다. 친구 맥킬비의 얘기를 듣고 호기심이 발동한 도르지는 친구의 어려움을 기업의 리더로서 풀어야 할 문제로 받아들이고 이를 위한 솔루션을 찾았던 것이지요. 그것도 자신의 주특기인 IT와 접목해서 말이지요. 덕분에 그는 문제를 한 방에 해결하고 엄청난 수익도 창출했습니다.

의식적으로 조직과 팀원이 자신과 연결되어 있다고 생각하는 것도 좋은 방법입니다. 리더가 조직에 무관심해지는 이유 중 하나는 조직과의 유대감이 없기 때문입니다. 조직과 팀원은 결국 남일 뿐이라고 생각하니 관심이 없는 것이지요. 하지만 무엇이든 '내 일'이 되면 관심을 갖지 않을 수 없습니다. 우리는 먼 외국에서 수백 명이 사망한 재난 뉴스를 보면 처음에는 안타까워하지만 금방 그 사실을 잊어버립니다. 하지만 길을 걷다 잘못해 발목을 접질리기라도 하면 세상에서 제일 큰 사고로 여겨집니다. 아픔과 고통의 속성이라는 것이 본디 이렇게 개인적입니다. 그러는 한편 인간은 자신을 욕하는 것은 참아도 자신이 속해 있는 집단, 가령 가족, 집안, 학교 등을 욕하면 참지 못하기도 합니다. 이는 내가 속한 그룹에 대한 깊은 유대감 때문입니다.

사실 리더도 사람이다 보니 조직과 팀원에게 회의와 환멸을 느끼곤 합니다. 그래서 인연을 끊고 싶어지기도 하고, 주었던 마음을 거두고 마음의 문을 닫기도 합니다. 이처럼 유대감이란 굉장히 일방적이고 일방향의 감정이기도 합니다. 서로를 끈끈하게 이어주기도 하지만 내 의지와 감정에 따라 기꺼이 거둘 수도 있는 것이지요.

리더의 가장 핵심적인 역할은 성과를 내는 것입니다. 조직은 결코 친구를 만드는 곳이 아닙니다. 같은 맥락에서 우리가 흔히 '관계형 리더십(Affiliative Leadership)'이라고 부르는 리더십도 결국엔 성과를 내기 위한 리더십의 유형이지 인간관계를 위한 처세술이 아닙니다. 조직에 실망하고 팀원이 꼴도 보기 싫다고 해도 리더라면 운동화 끈을 질끈 다시 매고 이들을 끌고 앞으로 뛰어야 합니다. 유대감은 충분히 의식적으로 만들어 낼 수 있는 감정입니다. 리더라면 모름지기 내 역할을 위해 조직과 팀원에게 싫더라도 마음을 내줄 필요가 있습니다. 설령 상처받고 회의감이 들더라도 말입니다.

리더인 내가 그들과 까칠하게 마음의 크기를 정산하려 들기 시작하면 인간관계에서의 계산이야 똑바로 될지 모르지만 조직 전체의 성과라는 파이는 절대 커지지 않습니다. 단, 내가 그들에게 준 마음은 조직을 떠날 때 남김없이 거둬들이십시오. 안타깝게도 많은 리더들이 반대로 하고 있습니다. 조직에 있을 때는 마음을 안 주다가 조직을 나와서는 조직에 두고 온 마음 때문에 미련을 못 버려 사서 고생들을 하지요. 하지만 진짜 리더는 함께 있을 때 마음을 기꺼이 내주고 그 마음으로 조직과 팀원에 대한 관심을 키워 일이 제대로 되는 방향으로 이끌어 나갑니다.

리더의 시선이 바뀔 때

나가모리와 스티브 잡스의 성공적인 방향 전환

일본전산(니덱, Nidec)의 창립자이자 CEO인 나가모리 시게노부(長森茂信)는 처음에는 철저한 성과 중심의 경영자로 알려져 있었습니다. 높은 목표를 설정하고 엄격한 성과를 요구하며 이를 실현하기 위한 강력한 실행력을 강조했지요. 그의 경영 신조는 "열심히 일하면 반드시 성공한다."는 확고한 믿음에 뿌리를 두고 있었습니다.

하지만 시간이 흐르면서 그는 단순한 성과 지표를 넘어 직원들의 행복과 복지 및 조직의 팀워크가 기업 성공의 진정한 토대라는 것을 깨닫게 됩니다. "직원의 행복과 건강이 곧 기업의 성과로 이어집니다."라는 그의 인터뷰 발언은 이러한 인식 변화를 잘 보여줍니다. 특히 일본전산이 글로벌 기업으로 성장하면서 서로 다른 문화와 가치관을 가진 인재들과 협력해야 하는 상황에 놓여 팀워크와 복지의 중요성을 더욱 깊이 이해하게 되었습니다.

이러한 깨달음을 바탕으로 그는 근무 환경을 개선하고 직원 간 협력을 증진하기 위한 다양한 프로그램과 제도를 도입하며 조직 문화를 새롭게 다듬었습니다. 특히 주목할 만한 것은 야근 문화 개선입니다. 잔업을 줄이는 데 성공했을 뿐만 아니라, 절감된 야근 수당을 직원들의 상여금이나 해외 연수 재원으로 활용하는 등 직원 중심의 경영으로 전환했습니다.

이처럼 시게노부는 성과 지향적 리더십에서 시작해 직원 복지와 협력의 가치를 조화롭게 통합하는 포용적인 리더로 진화했습니다. 단순히 목표를 달성하는 것을 넘어 조직 구성원들의 잠재력을 최대한 끌어내는 데 중점을 둔 그의 리더십 변화는 리더의 관심 전환이 얼마나 중요한지를 보여주는 훌륭한 사례입니다.

앞서 살펴본 나가모리 시게노부의 사례는 직원들의 사기와 협력에 대한 무관심이 관심으로 바뀌어 성과를 거둔 경우라면, 이제 조직 차원에서 무심했던 영역에서 새로운 비즈니스 모델을 발견해 성공을 이룬 사례를 살펴보겠습니다.

1986년, 스티브 잡스는 루카스필름의 컴퓨터 그래픽 부서를 1000만 달러에 인수하여 픽사를 설립했습니다. 당시 픽사는 단순한 하드웨어 회사였는데 스티브 잡스는 '픽사 이미지 컴퓨터'라는 고성능 컴퓨터를 판매하여 3D 그래픽 시장을 혁신할 것이라는 꿈에 부풀어 있었습니다. 그러나 하드웨어 사업은 기대와 달리 부진했고 회사는 점차 위기에 직면했습니다.

전환점은 뜻밖의 곳에서 찾아왔습니다. 픽사가 제작한 단편 애니메이션 〈럭소 주니어〉와 〈틴 토이〉가 아카데미상 후보에 올라 대중과 평단의 주목을 받게 된 것입니다. 이때 잡스는 픽사가 지닌 애니메이션 분야의 잠재력을 발견했습니다.

1991년, 픽사는 디즈니와 2600만 달러 규모의 계약을 체결하며 세 편의 장편 애니메이션을 제작하기로 합니다. 이는 단순한 사업 협력을 넘어 픽사가 본격적인 애니메이션 스튜디오로 변신하는 결정적 계기가 되었습니다.

그리하여 1995년에 세계 최초의 완전 컴퓨터 애니메이션 장편 영화 〈토이 스토리〉가 탄생했고, 3억 7300만 달러라는 놀라운 흥행 수익을 기록하며 픽사를 업계의 정상에 올려놓았습니다. 이후 픽사는 연이어 히트작을 제작하며 애니메이션 산업의 혁신을 이끌었고, 2006년에는 디즈니가 약 74억 달러에 픽사를 인수하면서 스티브 잡스는 디즈니의 최대 개인 주주가 되었습니다.

이는 리더가 당초 무관심했던 영역에서 새로운 가능성을 발견하고, 과감한 방향 전환을 통해 획기적인 성공을 거둔 대표적인 사례입니다.

무기력

체력이 떨어지면 리더십도 무너진다

체력이 리더십의 질을 결정한다

제가 본 성공한 리더들은 저마다 뛰어난 장점들을 가지고 있습니다. 어떤 분은 경청을 잘하고, 어떤 분은 추진력이 대단하지요. 리더십을 발휘하는 스타일이 저마다 다르다는 것입니다. 그런데 놀랍게도 이것 하나만큼은 모두 똑같았습니다. 바로 모두가 건강했다는 사실입니다. 체력이 정말 좋은 것인지, 정신력으로 버티는 것인지는 알 수 없지만 어쨌든 겉으로 보았을 때는 '정말 정력적이다.' 하고 경탄할 정도로 체력이 좋았습니다. 가령 2박 3일간의 출장을 다녀와서도 거뜬히 마라톤 회의를 주재하고, 이어서 사람들을 만나 비즈니스 골프를 치고 술을 마신 후 다시 공항으로 향하는 강행군을 무리 없이 소화하는 것이지요.

저는 그런 분들을 수없이 만나며 리더의 자질에서 체력을 뺄 수는 없다는 결론을 내렸습니다. 그래서 강의 등에서 건강하지 않다면 리더 자리를 쳐다보지도 말라고 말하곤 합니다. 만일 타고난 체력이 약한데 리더의 자리에 오르고 싶다면 체력 관리를 제대로 해서 건강체로 만든 후에 리더의 자리를 노리는 게 순서입니다.

리더가 허약하면 무슨 문제가 생길까요? 제 경험상 '인지적 구두쇠'가 강하게 작동합니다. 사람은 몸이 아프면 만사가 귀찮고 의욕이 떨어집니다. 몸이 약하거나 아픈 사람에게 왜 열정적으로 살지 않느냐고 따져 묻는 것은 미지근한 불판에 고기를 올려두고는 왜 고기가 안 구워지냐고 닦달하는 것과 똑같습니다. 가스가 부족하면 버너의 불이 약해지고 불길이 약하면 고기가 잘 안 구워지는 게 당연합니다.

저는 올해 교통사고를 당했습니다. 병원에 가서 진료를 받으니 '뇌진탕'이라고 하더군요. 일단 머리가 수시로 아프니 아무것도 할 수가 없었습니다. 특히 맥박이 뛰듯 머리에 피가 몰리면 머리가 깨질 듯 아팠습니다. 문제는 제가 머리를 쓰며 생계를 이어가는 '지식노동자'라는 점입니다. 육체노동자에게 튼튼한 신체근육이 필요하다면 저는 두뇌근육이 필요한 직업인입니다. 그런데 두뇌근육에 심한 병이 생겼으니 몸을 못 쓰는 것과 다름이 없었습니다. 조금만 머리를 쓰려고 하면 목부터 정수리 끝까지 통증이 찾아왔습니다. 당연히 모든 작업의 속도가 더뎌졌고, 그 탓에 이 책도 진작 나왔을 책인데 완쾌된 지금에서야 세상 빛을 보게 됐지요.

조직의 리더도 마찬가지입니다. 리더가 허약하면 조직의 일은 척척 원활하게 진행되지 않습니다. 넷플릭스에서 방영된 〈강철부대〉라는 리얼리티 프로그램을 보면 팀을 이끄는 리더는 신체적으로 강해야 할 뿐만 아니라 작전도 잘 짜고 팀원들에게 동기도 잘 부여하고 상대도 효과적으로 견제할 줄 알아야 합니다. 실제로 이 프로그램에서 좋은 성과를 거둔 팀은 그 팀의 리더가 신체 활동과 두뇌 플레이를 두루 잘했습니다.

리더가 두뇌를 잘 쓰려면 두뇌를 담고 있는 신체가 건강해야 합니다. 신체가 건강하지 못한 리더는 머리를 쓰기보다 쉽고 편한 결정을 내리려고 합니다. 머리를 쓰는 데는 에너지가 필요하기 때문입니다.

편한 방향만 찾는 리더는 진취성도, 도전 의식도 없습니다. '내가 무슨 영광을 누리겠다고…'라고 생각하며 방관자의 태도를 유지하는 리더는 한 명의 인간으로서 내적 평온을 얻을 수는 있겠지만 조직을 이끄는 수장으로서는 그저 무기력한 직업인에 불과합니다. 당연히 그런 리더가 이끄는 조직은 아무런 성과도 올릴 수 없습니다.

허약한 리더는 뜨겁게 생각할 수 없다

리더가 허약하면 '뜨거운 생각'을 할 수 없습니다. 여기서 '뜨거운 생각'이란 활화산처럼 뜨겁게 끓어올라 폭발할 듯한 아이디어를 가리킵니다. 저는 아픈 리더, 병약한 리더가 조직을 성장시킨 사례를 듣지도 보지도 못했습니다. 허약함은 리더를 소극적으로 행동하게 만듭니다. 몸이 아프니 무리하면 안 될 것 같고, 그렇다 보니 리스크를 감수하지 않습니다. 개인적으로도, 업무적으로도 말이지요.

팀원들도 몸이 아프고 허약한 리더에게 창의적이고 도전적인 의견을 내지 않습니다. 그저 안타까운 마음으로 현상 유지를 하는 수준에서 리더를 보좌할 뿐입니다. 그렇게라도 하는 팀원들은 선량한 팀원들입니다. 나쁜 팀원들은 리더의 허약함을 악용합니다. 리더가 허약하면 종종 자리를 비우기 십상입니다. 그런 리더의 부재를 악용해서 자기 잇속을 챙기는 것이지요.

리더가 유약하면 팀원들이 리더를 만만하게 봅니다. 그러면 조직 내기강이 바로 서지 못합니다. 한편 활기차고 에너지가 넘치는 리더는 팀원들이 다소 어려워하기도 합니다. 만만하게 보기 어려운 것이지요. 조직 내에서는 서로가 서로를 어느 정도 어려워할 필요도 있습니다. 일종의 긴장감이 있어야 조직문화가 무너지지 않습니다.

'허약'이라고 하니 신체적 허약만 생각할 수도 있을 텐데, 정신적 허약도 리더의 역할을 방해하는 큰 요소입니다. 지난 책에서도 두어 번 정도밝혔지만 저는 오랫동안 정신과를 다녔습니다. 그랬던 세월이 20여 년입니다. 그리고 다행스럽게도 올해 완치 판정을 받았습니다. 병원에서 처방해 주는 약을 꾸준히 복용한 것도 도움이 됐지만 스스로 긍정적으로 생각하려고 노력한 것이 큰 도움이 됐습니다. 저는 '마음의 감기'에 걸리면 병원을 방문해 상담을 받고 적절하게 처방된 약을 먹는 것도 좋다고 주변에 권장합니다. 치료를 하면 나을 수 있는 '마음의 감기'는 리더에게 결코 약점이 아닙니다.

오히려 리더에게 약점으로 작용하는 정신적 허약은 부정적인 사고입니다. 리더가 부정적인 생각에 사로잡히면 모든 면에서 취약해집니다. 세상사 안 좋은 면만 보는데 어떻게 성과를 창조해 내겠습니까? 제 경험상 가장 일하기 힘들었던 리더가 바로 이런 부정적인 태도를 보이는 리더였습니다. 일견 신중함이라는 자질로 봐줄 수도 있지만 정도가 심할 경우 그 리더에게 새로운 프로젝트가 왜 잘될 수 있는지 설득하는 데 많은 시간과 에너지를 써야 했습니다. 그 와중에 결국은 통과하지 못해 무산되는 일들도 많았고요. 그 일들이 결국 잘됐을지 아니었을지는 알 수 없습니다. 하지만 시도조차 해보지 못했기에 여전히 아쉬움이 남습니다.

이처럼 부정적인 리더는 의욕적인 팀원을 지치게 만들고 팀원에게 부정적인 생각을 전염시킵니다. 리더의 부정적인 생각은 리더 스스로를 소극적으로 만들고 오판하게 합니다. 자기 자신과 팀원 모두에게 나쁜 바이러스만 주입하는 셈이지요.

리더의 자기관리 실패가 조직을 무너뜨린다

리더의 체력 관리는 신체적 건강뿐만 아니라 온전한 정신 건강의 유지도 포함합니다. 맑은 정신과 절제력을 유지하는 것은 조직의 성과에 결정적인 영향을 미치며 리더가 어떻게 체력과 정신력을 관리하느냐는 조직과 팀원의 성패를 좌우하는 핵심 요소입니다.

미국의 프랭클린 피어스 대통령은 알코올 중독으로 어려움을 겪었던 대표적인 인물입니다. 임기 말에 "술에 취하는 것 말고는 아무것도 남은 게 없다."는 그의 말은 리더의 자기관리 실패를 상징적으로 보여줍니다. 반면 도널드 트럼프 대통령은 철저하게 술을 멀리했습니다. 형이 알코올 중독으로 40대에 사망하는 것을 목격하였고, 카지노와 엔터테인먼트 산업을 운영하며 약물과 알코올로 인한 실패 사례들을 보았기 때문입니다. 그 과정에서 트럼프 대통령은 본인은 온전한 정신을 유지하기 위하여 술을 멀리하게 되었습니다. 그는 다른 사람들은 취해도 본인은 냉철한 판단력을 유지하기 위해 술을 마시지 않는다고 합니다.

공유오피스 회사 위워크(WeWork)의 공동 설립자이자 전 CEO였던 아담 노이먼(Adam Neumann)의 사례도 주목할 만합니다. 그는 자신의 비행기에서 마리화나를 피우고 사무실에 마리화나 연기 제거용 환기장치를 설치했으며, 독한 술인 데킬라를 항상 구비해 두었다고 합니다. 이러한 일탈 행위는 결국 회사의 IPO에 차질을 빚었으며 평판 하락을 초래했고 결국 그는 CEO 자리에서 물러나야 했습니다.

미국 최초의 온라인 식료품 배달 서비스인 피포드(Peapod)의 CEO 빌 말로이(Bill Malloy)의 사례도 시사하는 바가 큽니다. 그는 열정적으로 일했지만 결국 과로와 번아웃으로 건강이 심각하게 악화되었습니다. 중요한 투자자와의 미팅에 참석하지 못하면서 1억 2천만 달러 규모의 투자 유치가 무산되어 피포드는 심각한 유동성 위기에 직면했으며 회사 주가는 7.81달러에서 2.72달러로 급락했습니다. 그는 6개월 만에 CEO를 사임했고 회사는 결국 2000년 네덜란드 기업에 인수되었습니다.

이처럼 리더의 건강 문제는 단순히 개인의 문제에 그치지 않고 조직의 운명을 좌우할 수 있습니다. 타고난 체력도 중요하지만, 그 체력과 정신을 건강하게 유지하는 것이 더욱 중요한 이유입니다.

심신을 단련하는 리더의 습관

건강한 리더가 되려면 무엇보다 자기 몸에 신경을 써야 합니다. 건강한 리더들은 모두 자신만의 건강 유지 노하우가 있습니다. 또한 체력적인 약점을 보완하기 위해 보이지 않는 노력을 기울입니다.

제 경우를 예로 들어보겠습니다. 저는 족저근막염이 있습니다. 현대자동차그룹에서 근무하던 시절, 법무팀 변호사로서 전 세계 출장을 하도 많이 다니다 보니 발바닥에 하중이 많이 실려 생긴 병 같습니다. 이후로 저는 많이 걷는 운동은 하지 못합니다. 그런 제가 오랜 시간 서서 말하는 강의를 수년 간 해오고 있습니다. 결코 쉽지 않은 일입니다. 하지만 저는 맞춤 깔창을 구두에 깔고 계속 한 자리에 서 있기보다는 조금씩 연단 위를 걸으며 강의를 합니다. 체력적으로 부족한 부분을 메우려는 제 나름의 노력이지요.

건강한 리더가 되려면 역시 타고나는 것이 가장 좋겠습니다만 그렇지 못하다면 스스로를 세심하게 관리하고 돌봐야 합니다. 리더의 건강이 곧 조직의 건강과 직결되기 때문입니다. 최근에는 리더의 건강지수로 조직의 건강지수를 판단하는 프로그램도 나왔다고 합니다.

따라서 리더는 시간을 내서라도 반드시 건강해질 방도를 찾아야 합니다. 저는 리더가 시간을 내어 건강검진을 정기적으로 받고 틈틈이 쪽잠을 챙겨 자고 일부러라도 좋은 음식을 찾아 먹는 모습을 보면 '뭘 저렇게 챙기나.' 하는 마음이 들기보다는 한층 더 깊은 신뢰가 가곤 합니다. 건강을 돌보지 않고 일만 하며 열정을 전시하던 시절은 이제 지나갔습니다. 옛말에 "누워서 돈 세면 뭐 하나."라는 말이 있습니다. 성과와 부도 모두 내가 건강했을 때 가치가 있는 것들입니다.

리더가 심리적 불안을 겪을 때 내리는 결정은 '오판'이 되기 쉽습니다. 평평한 바닥에서 차분히 앉아 체스를 두지 못하는데 상대의 다음 수가 보일 리가 없습니다. 세계적인 경제지 《포브스》에 '리더십 사고방식을 바꾸는 세 가지 열쇠(Three Keys To Shift Your Leadership Mindset)'라는 글이 실린 적이 있습니다. 이 글에 따르면 리더들에게는 대표적인 리더십 방향들이 있는데 그중 하나가 '문제-반응 리더십'이라고 합니다. 가령 문제가 발생하면 리더에게 다양한 종류의 두려움이 생깁니다. 이후 그들은 문제에 대응하고, 그러고 나면 문제는 조금 작아집니다. 리더의 두려움도 함께 줄어들지요. 반대로 리더가 문제에 대응하지 않으면 다시 문제는 커지고 그때 리더는 커진 문제에 더 큰 두려움을 느낀다고 합니다. 여기서 리더가 느끼는 두려움은 총 네 가지입니다. 거부에 대한 두려움, 실패에 대한 두려움, 감정적 불편함에 대한 두려움, 오류(틀림)에 대한 두려움이 그것들입니다.

글로벌 컨설팅 회사 '리더십 서클'의 사장 베시 레더먼(Betsy Leatherman)은 이런 두려움을 떨치기 위해서 신체 상태를 먼저 점검하라고 조언합니다. 두려움을 느끼면 심박수가 증가하고 아드레날린이 분비되는데, 이런 신체적 반응을 체크하면서 '나는 무엇이 두려운가? 왜 그런 두려움을 느끼는가? 그럼에도 불구하고 어떻게 계속 나아가고 싶은가?'라고 스스로 질문해 보라고 말합니다. 그렇게 자신이 느끼는 두려움에 이름표를 붙이는 순간 그 두려움은 해소가 된다는 논리입니다. 이런 접근법을 통해 우리는 정신과 신체가 하나로 연결되어 있음을 깨닫게 됩니다. 즉, 멘탈을 지키려면 피지컬을 키워야 한다는 것이죠.

제 경험으로는 정신적 약점, 특히 부정적인 생각을 극복하는 데 있어 가장 효과적이었던 것은 바로 '절박하게 바쁘게' 사는 것이었습니다. 언뜻 이 말은 이상하게 들릴 수 있습니다. 그렇지 않아도 힘든데 절박하게 바쁘라니, 그러다간 멘탈이 붕괴되지 않을까 싶을지도 모릅니다. 그런데 어떤 고민을 없애 주는 것은 늘 다른 고민이더군요. 큰 고민이 작은 고민을 덮어 버리는 것입니다. 그리고 인간에게 '생존'만큼 큰 고민은 없습니다.

1인 기업가로 10여 년을 보내면서 저는 매달 일감이 없어질까 봐, 또는 불러 주는 곳이 없을까 봐 걱정했습니다. 그런 고민의 시간들은 저를 오히려 무너지게 만들기보다 열심히 하다 보면 잘될 것이라는 희망을 주었습니다. 정 상황이 힘들 때는 '일단 다음 달까지만 버텨 보자.' 하는 끈기를 갖게 해 주었습니다. 저는 리더들이 이런 멘탈로 자신의 몸과 마음을 가다듬어야 한다고 생각합니다.

리더는 한눈팔 새가 없어야 하는 사람입니다. 조직의 생존을 위해 몰두해야 하는 사람이지요. 여러분이 스스로 리더라고 생각한다면, 팀원들 보기에 부끄럽지 않은 존중받는 리더가 되고 싶다면, 절실하고 바쁘게 사십시오. 그러다 보면 정신적으로 잔근육들이 튼튼히 만들어질 겁니다. 진부해 보이지만 '건강한 신체에 건전한 정신이 깃든다'라는 말을 실천하며 살아야 강건한 리더로 거듭날 수 있습니다.

리더의 하루가 조직의 미래다
글로벌 기업 CEO들의 자기관리 루틴

성공한 CEO들은 자신만의 철저한 루틴으로 개인의 건강을 조직의 성공으로 연결시키고 있습니다. 메타의 마크 저커버그는 MMA(종합격투기, Mixed Martial Arts)와 주짓수 훈련을 하며, 일반 성인보다 훨씬 많은 하루 4,000칼로리의 균형 잡힌 식단으로 고강도 운동과 열정적인 경영 활동에 필요한 에너지를 유지합니다.

아마존의 제프 베이조스는 가족과 함께하는 아침 식사로 하루를 시작하며 긍정적 에너지를 얻고, 충분한 수면과 여유를 중시하면서도 불필요한 결정에 에너지를 낭비하지 않는 것으로 유명합니다.

애플의 팀 쿡은 새벽 4시에 일어나 이메일을 처리하며 일의 우선순위를 정하고, 오프라 윈프리는 요가와 명상으로 긍정적 사고를 기릅니다. 버진 그룹의 리처드 브랜슨은 아침의 익스트림 스포츠를 창의력의 원천으로 삼고, 디즈니의 밥 아이거는 어두운 공간에서의 운동으로 자신만의 시간에 집중합니다. 또한 패스스폿의 크리스틴 쉰들러는 가능한 걸어서 미팅에 참석하며, 에이엠디(AMD)의 리사 수는 매일 아침 6시 30분 복싱으로 하루를 시작합니다.

이러한 성공한 CEO들의 루틴에서 몇 가지 공통된 특징을 발견할 수 있습니다. 첫째, 일찍 기상합니다. 심지어 새벽에 일어나 조용한 시간을 최대한 활용하며 구상과 정리를 도모합니다. 둘째, 웨이트 트레이닝, 유산소 운동, 요가 등 다양한 형태의 운동을 필수적으로 실천하고 있습니다. 셋째, 정신 건강을 위해서 명상이나 감사일기 쓰기, 독서 등을 통해 마음을 관리합니다. 넷째, 규칙적인 생활을 합니다. 이른 아침에 일어나지만 충분한 수면 시간을 확보하여 신체와 정신의 회복을 도모합니다. 다섯째, 바쁜 일정 속에서도 자신만의 시간관리 원칙을 세워 집중력을 최대한으로 끌어올립니다.

결국 리더는 조직의 운명을 책임지는 위치인 만큼 자신부터 철저하게 관리하고 스스로와의 약속을 지키며 균형 잡힌 삶을 유지해야 합니다. 이러한 자기관리는 개인의 건강을 넘어 조직의 성공으로 이어지는 필수적인 요소라고 할 수 있습니다.

II.

리더가
경계해야 할 5敵

위임 미숙

당신의 불신이 팀원의 날개를 꺾는다

혼자 가면 멀리 갈 수 없다

아주 뛰어난 능력을 가진 한 리더가 있었습니다. 무엇이든 혼자 잘 해내던 그는 조직의 슈퍼스타였습니다. 덕분에 그는 부사장의 자리까지 올랐습니다. 그리고 이제 사장 자리를 눈앞에 두고 있습니다. 어떤 일이든 그가 맡기만 하면 미다스의 손에 닿은 물건처럼 황금 같은 결과가 나왔습니다. 실로 성과의 연금술사였지요. 그런데 어느 순간부터 그의 성과가 정체되기 시작했습니다.

이 리더에게는 무엇이 부족했을까요? 그것은 바로 '위임(Empowerment)'의 기술이었습니다. 위임이란 어떤 일을 다른 사람에게 책임 지워 맡기는 것, 또는 그렇게 맡겨진 책임 그 자체를 뜻합니다.

높은 자리에 올라갈수록 의사결정을 할 일이 많아집니다. 보다 큰 그림을 그리고 방향을 지시해야 하는 일이 늘어나지요. 그런데 리더가 자잘한 일들까지 자신이 모두 챙기려 들면 이는 팀원들에게 다음과 같은 시그널을 줍니다. '리더가 우리를 믿지 못하는구나.' 리더에게 위임은 선택 사항이 아닙니다. 위임에 미숙하거나 위임을 거부하는 리더가 힘을 가질수록 조직과 팀원은 약해집니다. 인간은 책임진 일을 온전히 해냈을 때 성장합니다. 위임을 하지 못하는 리더 아래에서 팀원은 성장의 기회를 얻지 못합니다.

조직은 신참자에게 늘 묻습니다. 협업을 잘하는 편인지, 팀워크에 대해서는 어떻게 생각하는지, 팀원으로서 함께 협업해 높은 성과를 올린 적이 있는지를 말해보라고 합니다. 사실 이 질문은 리더가 매번 상위 직위로 올라갈 때마다 똑같이 직면해야 할 질문입니다. 팀원일 때는 함께 잘 일하다가 리더가 되고 나서부터 혼자만 일하는 리더가 되거나 리더일 때는 함께 잘 일하다가 빅 리더가 되고 나서 갑자기 독불장군이 되는 경우도 많습니다. 왜 이런 일들이 벌어지는 것일까요?

우선 리더가 가지는 불안감 때문입니다. 사실 리더가 되고 나면 부담이나 책임만 주어지지 않습니다. 흔히 '왕관의 무게를 견뎌라.'라고 하는데, 무겁긴 하지만 어쨌든 왕관이니 보석도 박혀 있는 등 화려함을 자랑할 것입니다. 즉, 무게에 걸맞은 권한과 혜택이 리더에게 주어집니다.

또한 리드하는 프로젝트의 규모도 팀원일 때와는 다르니 무거운 책임감에 비례해 일이 잘됐을 경우 성취감도 배가되는 일도 많습니다. 그러니 많은 이들이 조직생활을 하면서 한 번쯤 '별을 달아보자.' 하고 마음먹는 것이지요. 이렇게 리더의 혜택과 영광을 놓치고 싶지 않은 리더는 지금까지 해온 것보다 더 잘해야겠다고 생각하기 쉽습니다. 이 같은 열정에 비례해 불안감도 커지기 마련이고요.

문제는 이런 불안감이 일을 잘 굴러가게 하는 원동력으로 쓰이는 것이 아니라 '내 것'을 잘 지켜야겠다는 옹졸함으로 번질 때 발생한다는 것입니다. 내 자리, 내 권한, 내가 누리는 명예 등이 조직의 성과보다 우선시되니 서서히 팀원을 불신하기 시작합니다. 가령 팀원에게 일을 맡겼다가 문제가 될까 봐 그전보다 더 심하게 마이크로 매니징(Micro Managing)을 하게 됩니다. 팀원에게 일을 위임하기는커녕 예전에는 흔쾌히 믿고 맡겼던 일을 이제 리더가 세세하게 감독하기 시작하는 것이지요.

자신을 믿지 못하는 리더를 어떤 팀원이 믿고 따를 수 있을까요? 물론 리더가 업무를 위임하지 않으면 좋아하는 팀원들도 있습니다. 리더가 알아서 혼자 일을 다하면 오히려 행복해하는 팀원들도 있고요. 심지어 일이 안 좋게 흘러가면 리더가 백방으로 직접 뛸 테니 오히려 상황이 나빠지기를 기다리는 나태한 팀원들도 나옵니다.

하지만 대개의 사람들은 일을 통한 성취를 통해 자아 효능감을 느낍니다. 일을 과도하게 많이 맡아도 힘이 들지만, 자신에게 아무런 일도 맡겨지지 않으면 심정적으로 더 괴롭습니다. 직장 내에서 퇴사 압박을 가할 때 일단 한직으로 모는 이유도 여기에 있습니다.

리더가 자신에게 도무지 일을 믿고 맡기지 않으면 팀원에게는 두 가지 반감이 생깁니다. 바로 억울하고 섭섭한 감정이 생기는 것이지요. 열심히 일하고 싶은 내 마음을 알아주지 않으니 분하기도 하고 아쉽고 서

운하기도 합니다. 이런 상태가 계속되면, 즉 리더가 팀원을 지속적으로 불신하여 일을 맡기지 않으면 팀원은 이제 조직에서 이탈하기 시작합니다. 리더가 나를 믿지 못하는데 일에 로열티가 생길 리 없습니다. 이윽고 태업(怠業)의 악순환에 빠지게 됩니다. 믿고 맡기지 않으니 일이 없고, 일이 없으니 팀원은 더욱 대충 일합니다. 아니, 아예 일을 안 하게 됩니다. 이 모든 불상사는 리더가 팀원에게 위임을 하지 않아서 생기는 이격(離隔)입니다.

위임이 두려운 리더의 속마음

그렇다면 리더가 위임을 하지 않는 이유는 무엇일까요? 왜 위임을 두려워하거나 귀찮아할까요? 사실 다른 사람에게 일을 시키려면 본인은 두 배 이상의 준비를 해야 합니다. 일을 직접 하는 것과 일을 맡기는 것은 시간과 에너지 측면에서 차이가 큽니다. 이는 마치 아는 것과 가르치는 것이 다른 것과 같습니다. 남에게 일을 시키려면 이를 위한 준비가 필요합니다.

하지만 그저 시간과 에너지가 더 투입된다고 해서 위임을 하지 않고 혼자 일을 다 끌어안고 있으면 조직 전체에 발전이 없습니다. 조직에서 리더가 수행해야 하는 중요한 의무 중 하나는 경험의 전수와 후배 육성입니다. 특히 조직에서는 모든 업무의 노하우가 글이나 말로 인수인계될 수 없습니다. 경험적 지식은 팀원이 직접 경험하고 그 과정을 리더가 살펴봐 주어야 완전히 전수됩니다. 위임을 하지 않는 리더는 제 역할을 하지 않는 리더라는 말이 그래서 나오는 것이지요.

리더에게 위임은 수고스러운 일입니다. 하지만 리더는 팀원에게 맡길 일은 맡기고 가르칠 일은 가르치면서 팀원의 재능과 역량을 최대한 활용하고 끌어올려야 합니다. 그런데 이 모든 위임의 과정을 수행하려면 리더는 귀찮고 번거로움을 무릅써야 합니다. 또한 당장 위임을 하지 않는다고 해서 바로 그로 인한 문제가 드러나지 않기 때문에 차일피일 미루기도 쉽습니다. 하지만 팀원과 조직의 성장을 고민하고 이들에게 애정이 있다면 조금 번거롭더라도 위임을 할 것입니다. 즉, 리더가 위임을 하지 않는 이유는 조직을 사랑하지 않고, 팀원을 아끼지 않기 때문입니다. 무엇보다도 본인이 게을러서 안 하는 것이지요.

게으른 리더는 만사가 자기중심적입니다. 그러니 위임을 안 하지요. 그렇게 위임하지 않는 리더는 조직의 건강한 흐름과 소통을 막고 사일로(Silo, 회사 안에서 외부와 소통하지 않는 부서를 가리킴)를 견고하게 구축합니다.

한편 리더가 팀원이 자신보다 뛰어나거나 앞서가는 것을 두려워해 팀원을 더 이상 키우지 않는 경우도 있습니다. 즉, 위임을 통해 팀원이 성장하여 자신의 지위를 위협하는 예비 리더가 될 것을 견제하는 것이지요.

위임하지 않는 리더의 문제점은 쉽게 발각되지 않는다는 데 있습니다. 보통은 조직 내부에서 팀 단위, 부서 단위로 성과가 보고되기 때문에 조직 상부는 해당 팀이나 부서가 합심해 성과를 올린 것으로 알고 넘어갑니다. 그런데 조직이 해당 팀이나 부서의 성과를 분해해 보면 가끔 리더 혼자 '솔로 플레이'를 한 경우를 발견하기도 합니다. 하지만 조직은 이러나저러나 결국에는 조직의 성과이므로 그 방식에 대해서는 개의치 않습니다. 결과 중심적으로 판단하는 조직일수록 더욱 그렇습니다. 뭐가 됐든 매출만 올리면, 고객만 확보하면 과정이 어떠했든 상관없다고 생각하는 것이지요.

그런데 이 상태가 지속되면 결국 조직이 늙어 버립니다. 조직의 나이는 창립 연도를 기준으로 매겨지지 않습니다. 조직의 나이는 그 조직이 얼마나 생동감 있게 창의적이고 혁신적으로 굴러가는지에 따라 결정됩니다. 조직이 오래되었더라도 끊임없이 인재를 수혈하고 자기 모순을 극복하며 새로운 성장 엔진을 찾아서 가동시키려고 한다면 그 조직은 아직 20대 청춘 같은 기업입니다. 제가 본 많은 장수 기업들이 그렇습니다. 반대로 이제 막 생긴 조직이라고 해도 미래의 비전은 땅속 깊이 묻어 두고, 구성원들은 그저 자기 자리에 눌러앉아 제 밥그릇 챙기기에만 급급하다면 이 조직은 이미 노쇠한 기업입니다.

팀원의 열정과 의욕을 뺏고 동기를 박탈하는 리더는 팀원과 조직을 급속히 노화시키는 주범입니다. 리더가 팀원을 견제하며 일을 맡기지 않고 독주하며 지속적으로 하향 평준화시킨다면 이 리더는 조직의 미래를 퇴행시키는 존재입니다.

팀원에게 기꺼이 위임하는 리더가 되려면

그렇다면 팀원에게 기꺼이 위임하는 리더가 되려면 어떻게 해야 할까요?

우선 위임을 언제, 누구에게, 어떻게 해야 할지 작정하고 고심해야 합니다. 리더가 위임을 꺼리는 이유 중 하나는 위임을 했다가 실패한 경험이 있기 때문입니다. 따라서 리더는 업무적으로 믿을 수 있고 이미 작은 성과들을 통해 실력을 입증한 팀원을 가려서 일을 위임해야 합니다. 리더가 엄격한 잣대로 팀원을 선별하여 위임을 합의할 때 위임의 효과가 제대로 발휘되는 것은 물론이고 프로젝트의 실패 가능성도 줄어듭니다.

한편 위임이란 내가 다른 사람에게 업무를 맡겼을 때 그 사람이 승낙을 해야만 성립하는 계약입니다. 즉, 위임을 한다고 무조건 업무 지시가 내려지고 결정권이 인계되는 것은 아닙니다. 팀원이 리더의 제안을 받아주어야 비로소 위임이 되는 것이지요. 그러므로 위임을 하려면 리더가 작심하고 위임의 범위와 대상을 결정한 후 이 결정을 팀원과 상의해야 합니다.

팀원이 거절하는 위임은 실패합니다. 팀원이 하고 싶지 않은 업무를 위임이라는 이름으로 억지로 시키면 팀원은 리더와 같은 선에 설 수 없습니다. 위임은 팀원을 리더와 같은 출발선상에 세워 함께 전력질주 하자는 약속입니다. 위임을 했다고 해서 리더가 그다음부터 뒷짐 지고 있는 것이 아니란 말입니다.

제가 팀장일 때 부회장님에게 처음 보고할 일이 있었습니다. 당시 사장님은 저에게 부회장실에 가서 혼자 보고를 하라고 하였지만 나중에 따라와서 뒤에 함께 있어 주셨습니다. 부회장님을 대상으로 한 첫 브리핑을 앞두고 정말 크게 긴장했는데 뒤에서 바라봐 주던 사장님이 얼마나 든든했는지 모릅니다.

리더는 팀원에게 일을 위임했다고 해서 그다음부터 손을 놓고 있으면 안 됩니다. 위임은 일의 권한은 건네주되 일을 마칠 때까지 함께 있어주는 것이기 때문입니다.

리더가 위임을 적극적으로 하려면 시나리오를 잘 세워야 합니다. 위임의 결과 일이 잘 풀리면 문제가 없지만, 잘 안 됐을 시에 어떻게 대응할지 플랜 B를 가지고 있어야 합니다. 최악의 경우 일을 어떻게 수습하고 원상회복할지 리더는 미리 설계해 두어야 하는 것이지요.

이럴 때 '이프 덴 플래닝(If-then Planning)' 같은 방법을 활용할 수도 있습니다. 이 방법은 어떤 상황에도 목표 달성이 방해받지 않도록 대처법을 미리 마련하는 전략입니다. 만약 최악의 상황을 맞이할 경우 대비할 방법을 미리 짜 놓고 이것을 팀원에게도 알려 주면 팀원은 덜 위축되고 소신껏 일할 수 있습니다. 이처럼 리더가 얼마나 준비했는가에 따라 위임의 성패가 좌우됩니다. 리더는 강한 신뢰의 감정을 팀원에게 전이(轉移)해 주어야 합니다. 또한 안전장치를 마련해 두어 팀원의 성과를 독려하고 만일의 위험을 관리해야 합니다.

저도 팀원으로서 중요한 프로젝트를 위임받았을 때 잠을 못 이룬 경우가 많았는데요. 그때마다 제게 힘을 준 것은 저를 믿어주는 리더, 미리 잘 설계된 위임의 범위, 그리고 저를 돕는 시스템 내 동료들이었습니다. 리더는 위임을 할 때 자신의 입장에서만 일방적으로 위임할 것이 아니라 팀원의 입장에 반드시 서 봐야 합니다. 위임은 상호적인 것이기 때문입니다.

기업들의 가업 승계 과정에서 가장 이목을 끄는 때는 선대 오너가 후계자에게 권한을 넘기는 시점입니다. 이해하기 쉽도록 두 식당 주인의 이야기를 한번 살펴보겠습니다. 두 식당 주인 모두 자녀가 마흔 정도가 됐을 때 식당을 물려줄 예정입니다. 그런데 한 식당의 주인은 마흔이 되기 전에는 식당이 아무리 잘되어도 식당에 오지 말고 해외 유학을 하며 다른 좋은 직장에 다니라고 합니다. 그러다가 마흔 즈음에 식당에 와서 식당 일을 배우고 식당을 물려받으라고 하죠. 다른 식당의 주인은 자녀를 어릴 때부터 식당에서 놀게 하고, 공부도 하게 합니다. 그 식당 주인은 자녀들이 식당에서 사람을 사귀게 하고 식당에서 부모가 돈 버는 모습을 보게 합니다. 경험의 시작점이 다른 것이지요. 그 경험의 차이가 커지면 커질수록 미래에 두 식당의 경쟁력 차이도 커집니다.

여러분이 생각하기엔 두 자녀가 식당 경영을 물려받은 후 어느 식당이 더 잘될까요? 답은 말하지 않아도 아시리라 믿습니다. 위임은 이처럼 경험의 시작점을 앞당긴다는 점에서 조직의 성공 확률을 높입니다.

월마트(Walmart), BMW, 카니발 코퍼레이션(Carnival Corporation), 컴캐스트(Comcast), 포드 자동차(Ford Motor Company), 에스티로더(Estée Lauder), 델(Dell), 알디(Aldi), 버크셔 해서웨이(Berkshire Hathaway)… 이들의 공통점이 무엇일까요? 바로 2020년 미국 상공회의소가 선정한 성공한 가족 회사들입니다. 이 기업들은 짧게는 수십 년, 길게는 100년 넘게 장수하며 번영하는 기업들인데 일찍부터 가족경영이 이루어지고 있습니다.

한국의 경우에는 가족경영을 하는 기업에서 부를 승계받은 리더를 안 좋게 보는 시각이 있는데요. 태생적으로 주어진 환경이 행운일 수는 있어도 리더가 해당 조직에 일찍부터 합류해 오랜 기간 동안 '위임'과 '자율'을 통해 균형 잡힌 업무 경험을 쌓았다면 가업을 승계받은 리더의 리더십도 충분히 좋은 평가를 받아야 합당합니다. 이처럼 가족경영 기업의 경우에도 빅 리더가 리더에게 언제부터 어떻게 일을 위임했는가가 그 기업의 성패를 좌우합니다.

2

교만

리더의 영원한 적

판단력을 무너뜨리는 교만의 덫

리더의 역할을 방해하는 두 번째 적은 '교만(驕慢)'입니다. 리더가 교만하다는 것은 자신을 과대평가한다는 뜻입니다. 교만한 리더의 전형적인 모습은 명확합니다. 그들은 스스로를 무척 뛰어나다고 생각하여 냉철함과 객관성을 잃고 자신 중심적으로 일을 밀어붙입니다. 또한 자기 외의 다른 사람들을 모두 못났다고 여깁니다. 자기만큼 어떤 일을 능히 해낼 사람은 없다고 보기 때문입니다.

심리학에서는 이런 경향을 '휴브리스 증후군(Hubris Syndrome)'이라고 합니다. 본래 '휴브리스'라는 단어는 역사학에서 유래했습니다. 영국 역사학자이자 문명비평가인 아놀드 토인비(Arnold Toynbee)는 과거에 성공한 사람이 자신의 능력과 방법을 우상화함으로써 오류에 빠지는 것을 설명하면서 이 단어를 사용했는데 역사 해석학 용어로 사용되던 것이 점차 다른 학문으로도 확장된 것이지요.

휴브리스 리더는 자신의 능력을 과신하고 위험을 과소평가하고, 다른 사람들의 조언은 무시하는 오류에 잘 빠집니다. 또한 자신이 항상 옳다고 생각하고 권위를 남용해서 팀원을 억압합니다.

《논어》에 '삼요(三樂)'라는 말이 나옵니다. 삼요란 사람이 좋아하는 세 가지인데, 이익을 얻는 사람들이 좋아하는 삼요와 손해를 보는 사람들이 좋아하는 삼요가 있습니다. 이익을 얻는 사람들이 좋아하는 세 가지는 '익자삼요(益者三樂)'라 합니다. 예악(禮樂)을 절도(節度) 있게 좋아하고, 남의 선(善)을 말하기 좋아하고, 어진 벗이 많음이 그것입니다. 손해를 보는 사람들이 좋아하는 세 가지는 '손자삼요(損者三樂)'라 합니다. 여기에는 교만(驕慢)하게 즐김을 좋아하고, 편안(便安)히 놀기를 좋아하며, 주색(酒色)을 좋아하는 것이 포함됩니다. 교만은 손해를 보는 이들이 좋아하는 세 가지 중 으뜸가는 것이지요.

리더의 교만이 커다란 문제인 이유는 잘못된 판단의 원인으로 작용하기 때문입니다. 리더는 신이 아닙니다. 다만 한 분야에서 다른 이들보다 조금 더 나은 성과를 올려 그 자리에 있는 것뿐입니다. 하지만 교만한 리더는 자신이 모든 걸 다 안다고 굳게 믿고 있기에 무지한 리더보다도 마음이 더 굳게 닫혀 있습니다. 이들은 원천적으로 배우고 개선할 생각이 없습니다.

교만은 특히 자수성가하거나 극적인 성과를 올린 리더에게서 종종

발견됩니다. 과거의 영광에 사로잡혀 미래의 발전을 도모하지 않는 셈이지요. 일본의 일류 세라믹 기기 기업인 교세라(Kyocera)와 일본 통신사 KDDI 창립자인 이나모리 가즈오(いなもりかずお) 회장은 "올해 열심히 일하면 내년은 예측할 수 있지만, 2년 후나 3년 후는 알 수 없다."라고 말했습니다. 아무리 뛰어난 리더라고 해도 요즘처럼 하루가 다르게 격변하는 시대에는 10년 단위의 장기적인 성과를 꾸준히 올리기 쉽지 않습니다. 그래서 리더는 교만한 태도를 멈추고 자신과 조직을 성찰하며 팀원들과 머리를 맞대고 상의해야 합니다.

리더를 교만에 빠지게 하는 함정들

리더는 그 자리의 특성상 교만해지기가 무척 쉽습니다. 큰 권한이 주어지는 데다 주위에서 중요한 사람으로 대접하니 스스로를 과대평가하기 십상입니다. 기업에서 임원이나 사장인 사람들을 보면 집에서도 혹은 친구들 사이에서도 임원이나 사장처럼 행동합니다. 자기 가족이나 지인을 비서나 직원 대하듯 하기도 하지요. 참 답답한 일입니다.

회사에서 받은 명함은 영원하지 않습니다. 내가 그 역할을 잘 해내는 특정 기간 동안에만 유효한 이름표에 불과합니다. 리더로서 직함에 걸맞은 성과를 내지 못하면 언제고 그 자리에서 물러나야 할 수 있습니다. 열흘 동안 붉은 꽃은 없다는 뜻의 '화무십일홍(花無十日紅)'이란 말이 괜히 있는 게 아닙니다. 그런데 어리석게도 적지 않은 리더들이 그 명함의 유효기간을 모르고 교만하게 굽니다.

리더의 갑질이나 부정부패는 모두 리더의 교만에서 비롯됩니다. 자신의 작은 성과에 취해서 혹은 인성이 부족해서 '내가 이 정도 되는 사람인데' 하는 마음을 품던 것이 갑질이나 부정부패로 이어지지요. 그리고 리더의 교만한 마음이 행동으로 표출되면 사리사욕을 채우는 범죄, 직원들을 망치는 폭행이 됩니다.

교만한 리더는 겉으로 보면 상당히 부지런해 보입니다. 하지만 이들의 머릿속과 가슴속은 게으릅니다. '교만(憍慢)'의 한자어를 살펴보면 '잘난 척할 교(憍)'와 '게으를 만(慢)'을 씁니다. 제 지위를 뽐내지만 실력을 갈고닦는 것에는 게으른 특성을 그대로 표현한 단어입니다. 교만한 리더가 부지런해 보이는 까닭은 이들이 자신의 생각을 행동으로 옮기는 데 빠르기 때문입니다. 문제는 재바른 행동의 목적이 조직의 성과를 위한 것이 아니라 자신의 잘남을 확인받으려는 것이라는 점입니다. 교만은 과거의 자신에게 안주하며 자기가 편한 방식대로 주위를 통제하고 싶은 욕심입니다.

교만한 리더 밑에서 일하는 것은 어쩌면 쉽습니다. 그저 리더의 입맛에 맞춰 움직여 주기만 하면 되니까요. 따라서 교만한 리더는 팀원을 수동적으로 만듭니다. 즉, 그들을 타의로 일하게 만듭니다.

팀원에게 동기를 부여하려면 매우 정교한 설계와 작업이 필요합니다. 팀원의 상황과 마음을 헤아리는 부지런함이 없으면 동기부여는 불가능합니다. 교만한 리더는 동기부여는커녕 팀원의 건강한 내적 동기를 빨아먹는 뱀파이어입니다.

교만한 리더는 주위 사람들을 손쉽게 내칩니다. 조직은 협업으로 돌아가는 존재입니다. '회사(會社)'의 한자만 봐도 '사람들이 모여 일을 도모하는 곳'이라는 뜻입니다. 그런데 조직을 이끄는 리더가 교만하면 그 곁에 사람이 머물지 않습니다. 비호감인 리더 주변에 누가 머물겠습니까? 누구나 실력 있고 겸손한 사람을 좋아합니다. 잘난 척도 정도껏 해야지 천상천하 유아독존 스타일인 리더와 누가 같이 일하고 싶을까요? 리더가 겸손할수록 팀원들은 리더를 존중하고 따릅니다.

리더 곁에 사람이 머물지 않으면 그때부터 리더의 악순환이 시작됩니다. 리더에게 마음을 내주지 않는 팀원들 속에서 리더는 계속 고립되며 고립은 저성과를 낳습니다. 실제로 일본 기업들은 일에서 실패한 리더는 용서하지만 팀원들과 상의하지 않는 리더는 결코 용납하지 않는다고 합니다.

교만하지 않은 리더가 되려면

교만하지 않은 리더가 되려면 어떻게 해야 할까요? 무엇보다 리더는 과거에 자신이 거둔 성과를 잊어버려야 합니다. 오래전 자신이 이룬 몇 가지 과업을 평생 훈장처럼 되새김질할 때 리더는 교만해집니다.

사실 세상에 혼자 이루는 일은 단 하나도 없습니다. 가령 단거리 육상 올림픽 금메달리스트는 혼자 열심히 달려서 금메달을 딴 것일까요? 아닙니다. 코치와 감독을 비롯해서 스태프들과 협회 등에서 그 선수를 합심해 지원해 주었기에 가능한 결과입니다. 저는 한때 잠시나마

체육협회 임원직을 겸직한 적이 있습니다. 그때 단 한 팀의 승리를 위해서 얼마나 많은 사람들이 매달려서 합심해 성과를 만드는지를 배웠습니다.

리더는 과거의 영광에 취해 있어서는 안 됩니다. 심지어 그 영광을 혼자 이루었다고 착각해서도 안 됩니다. 자신이 거둔 성취가 함께한 팀원들 덕분이라는 사실을 떠올리며 애써 겸손해지려고 노력할 때 리더의 마음자리에 교만이 들어설 공간이 없습니다.

교만하지 않은 리더가 되려면 '편견'이라는 색안경도 벗어야 합니다. 편견은 비뚤어진 시선입니다. 과거의 성공에 집착하는 교만한 리더일수록 자신의 '촉' 또는 '감'을 신뢰합니다. '이건 이래서 그런 거야.' 하고 단정하고 혹시라도 한두 개가 적중하면 '거봐, 그럴 줄 알았어.'라고 생각합니다.

하지만 저는 인생이 반전의 연속이라고 생각합니다. 물론 특정 분야에서 오랜 경험을 쌓아온 전문가로서의 직관이 적중할 때도 분명 있지요. 그런데 전문가의 예상이 틀리는 경우도 정말 많습니다. 시대가 다르고, 상황이 다르고, 진행하는 사람이 다르니 그럴 수밖에요. 이렇게 예측이 빗나가는 경우가 생기는데 성급한 일반화의 오류를 저지르면 일을 그르치게 됩니다. 따라서 리더는 선입견과 편견을 내려놓고 매번 어린아이 같은 호기심으로 상황과 결과를 들여다봐야 합니다. 또한 '세상엔 내가 모르는 게 많다.'라는 사실을 늘 떠올려야 합니다. 과거의 경험에 매몰된 리더는 조직 차원에서도 필요가 없습니다. 조직은 매분 매초 미래를 향해 나가는 존재이기 때문입니다. 따라서 리더라면 편견을 버리고 미래에 대한 인사이트를 증폭시켜 늘 새로운 시선으로 사안을 받아들여야 합니다.

교만하지 않은 리더가 되는 마지막 비결은 '겸손'입니다. 패스트컴퍼니의 공동 창립자인 빌 테일러(Bill Taylor)는 《하버드 비즈니스 리뷰》에 기고한 글에서 리더가 겸손하지 못한 이유를 설명했습니다. 이 글의 제목은 "만약 겸손이 그렇게 중요하다면 왜 리더들은 그렇게 교만할까?(If Humility Is So Important, Why Are Leaders So Arrogant?)"입니다.

테일러가 지적한 핵심적인 문제는 많은 리더들이 겸손과 야망을 동시에 가질 수 없다고 오해한다는 점입니다. 이 글에서 그는 리더십 전문가인 에드가 샤인(Edgar Schein)의 연구를 인용하는데요. 에드가 샤인이 학생들에게 관리자로 승진하는 것의 의미를 묻자 학생들은 이렇게 대답했다고 합니다. "이제 다른 사람들에게 무엇을 해야 할지 말할 수 있다는 의미입니다." 테일러는 이런 생각을 '아는 척하는 리더십 스타일(The know-it-all Style Of Leadership)의 뿌리'라고 지적합니다.

테일러가 지적한 두 번째 문제는 겸손한 자세가 리더들로 하여금 취약하게 보이게 만들 수도 있다고 생각하는 것입니다. 겸손한 리더는 자칫 야망이 없는 리더로 보이기 쉽다는 것이지요. 하지만 이는 사실과 다릅니다. 겸손과 야망은 상충하는 가치가 아니기 때문입니다. 오히려 어떤 면에서 겸손은 커다란 목표를 달성하려는 리더들에게 가장 효과적이고 지속 가능한 사고방식입니다. 몇 년 전 IBM의 인사 전문가들은 '겸손(Humble)'과 '야망(Ambition)'을 조합한 '험비션(Humbition)'이라는 용어를 사용하기도 했습니다. 가장 효율적인 리더들은 겸손과 야망을 동시에 품고 있습니다. 그들은 자기 자신이 아닌 일에 집중하며 성공이 찾아왔을 때 겸손한 태도를 유지합니다.

또한 테일러는 이 글에서 리더십 전문가인 에드가 샤인이 제시한 겸손의 다양한 형태를 언급합니다. 첫째, 노인이나 존경받는 인물들 주위에서 느끼는 겸손입니다. 둘째, 업적으로 우리를 경외하게 만드는 사람들 앞에서 느끼는 겸손입니다. 마지막으로 세 번째 형태의 겸손은 '여기-지금 겸손(Here-and-now Humility)'으로 이는 우리가 타인에게 의존할 때 느끼는 감정이라고 말합니다.

이 중에서 우리가 특히 주목할 겸손은 에드가 샤인이 말한 세 번째 겸손입니다. 우리는 타인에게 기꺼이 의존하며 그에 감사한 마음을 가질 때 겸손함을 체험합니다. 리더도 마찬가지입니다. 도움을 준 팀원에게 감사하고, 순조롭게 돌아가는 상황에 감사하고, 자신을 믿어주고 기회를 준 조직에 감사함을 가질 때 겸손이 시작되는 것입니다.

겸손은 종종 인성의 한 부분으로 여겨지기도 하는데요. 저는 그보다는 자신의 부족함을 인정함으로써 표현되는 페르소나라고 생각합니다. 실제로 겸손한 리더는 교만한 리더보다 훨씬 내적으로 강하고 자신감이 충만합니다. 그러니 기꺼이 자신의 취약함을 드러내고 그 부분을 타인을 통해 메우는 데 주저하지 않습니다. 그렇게 리더가 자신을 솔직히 드러낼 때 조직 내부에는 신뢰가 쌓이고 팀원들은 강한 동기부여를 받습니다. 교만하지 않은 리더는 함께 가야 멀리 간다는 사실을 그 누구보다 잘 아는 리더입니다.

겸손과 결단력의 완벽한 조화

CEO 다윈 스미스 이야기

다윈 스미스(Darwin E. Smith)는 미국의 소비재 업계를 선도하는 기업, 킴벌리-클라크(Kimberly-Clark)의 역사에서 빼놓을 수 없는 이름입니다. 1971년부터 1991년까지 20년이라는 긴 시간 동안 CEO로 재임하며, 회사의 운명을 새롭게 쓴 혁신적이고 대담한 리더였습니다.

그의 가장 주목할 만한 업적은 회사의 방향을 과감히 전환한 것입니다. 당시 킴벌리-클라크의 핵심 사업이었던 코팅 종이 부문을 전격적으로 매각하는 파격적인 결정을 내렸습니다. 대신 크리넥스와 하기스 같은 소비재와 위생용품 브랜드에 집중하는 새로운 전략에 집중했지요. 이는 당시로서는 매우 위험해 보이는 결정이었습니다. 하지만 이 결단은 킴벌리-클라크를 그저 생존하는 제지회사에서 글로벌 소비재 시장의 강자로 탈바꿈시키는 기틀을 마련해 주었습니다.

그런데 이처럼 강력하고 혁신적인 리더십의 소유자였음에도 그는 놀라울 정도로 겸손하고 조용한 성격의 소유자로 알려져 있습니다. 《좋은 기업을 넘어 위대한 기업으로》를 저술한 짐 콜린스의 "레벨 5 리더십: 겸손함과 강렬한 결단력의 승리"는 그의 이러한 면모를 잘 보여줍니다. 그는 수줍음이 많고 겉치레를 극도로 싫어했으며, 화려한 스포트라이트를 받는 것을 불편해했습니다. 한번은 《월스트리트 저널》 기자가 그의 경영 스타일에 대해 질문했을 때, 그는 두꺼운 검은 뿔테 안경 너머로 기자를 한참 바라보다가 긴 침묵 끝에 'eccentric(별난)'이라고 답했다고 합니다. 이때 그의 소박한 차림새는 마치 처음 J. C. 페니에서 정장을 산 시골 소년 같았다고 하니, 당시 화려한 CEO들과는 매우 다른 모습이었을 것입니다. 당연히 《월스트리트 저널》은 다윈 스미스를 주제로 화려한 특집 기사를 내놓지 않았습니다.

더욱 놀라운 것은 그의 강철 같은 의지력입니다. CEO에 오른 지 두 달 만에 그는 의사들로부터 코와 목의 암 진단과 함께 1년 미만의 시한부 선고를 받았습니다. 그는 이 사실을 이사회에 솔직히 알렸지만, 동시에 "아직 죽을 계획이 없다."는 단호한 의지를 보여주었습니다. 그의 행동은 말과 일치했습니다. 매주 위스콘신과 휴스턴을 오가며 방사선 치료를 받으면서도 힘든 업무 일정을 거르지 않았습니다. 그의 놀라운 의지력은 결실을 맺어 25년을 더 살았고, 그 중 20년을 킴벌리-클라크의 CEO로 재직하며 성공적으로 회사를 이끌었습니다.

짐 콜린스의 '레벨 5 리더십'이란 탁월한 기업 성과를 만들어 내는 최고 수준의 리더십으로, 다윈 스미스의 리더십과 매우 닮아 있습니다. 레벨 5 리더십이란 극도의 개인적 겸손함과 강렬한 직업적 결단력이 완벽하게 결합된 상태를 의미합니다. 이러한 리더는 자신의 명성이나 영광보다는 조직의 성공과 팀의 장기적 성과를 우선시하며, 동시에 어려운 결정 앞에서도 흔들림 없는 강한 의지로 목표를 추구합니다. 결론적으로 진정한 리더십은 겸손함과 결단력의 조화에서 비롯됩니다. 겸손한 리더는 강한 소명감과 결단력으로 조직의 성과를 높일 수 있습니다. 반면에 자신을 과시하고 강한 척하는 리더는 자신에게만 집중하느라 조직 전체를 보지 못하고 이러한 교만과 아집은 결국 저성과로 이어지게 됩니다.

3

고집

유연함의 반대말은 고집이다

부러지는 리더와 휘어지는 리더

리더가 고집스럽다는 것은 유연하게 대처하는 능력이 떨어진다는 의미입니다. 리더 개인적으로는 고지식하고 완고할 수도 있습니다. 그러나 리더라면 적어도 일에서만큼은 무척 유연해야 합니다.

저는 일간지 일곱 개를 구독해 매일 하루도 거르지 않고 전부 읽습니다. 매일 만나는 신문 기사는 하루가 다르게 바뀝니다. 어제는 분명히 반도체가 호황일 것이라는 기사가 났는데, 오늘은 반도체가 불황의 터널로 들어갔다는 기사가 보입니다. 분명히 기자는 열심히 취재해서 기사를 썼을 텐데 어제와 오늘 각기 다른 기사가 나오는 이유는 무엇일까요? 그것은 동일한 팩트를 두고도 그것을 바라보는 관점이 다르기 때문입니다. 그러다 보니 이제는 관점에 따라 팩트조차 고정되어 있지 않은 세상이 됐습니다. 그만큼 변동성이 큰 시대라는 뜻입니다.

이렇게 광속으로 변하는 세상에서 앞서 나가는 리더들은 매일 변신합니다. 반면에 뒤처지는 리더들은 끝끝내 자기 스타일만 고집합니다. 물론 사람마다 자기만의 스타일이 있습니다. 저도 여덟 번째 책을 쓰다 보니 저만의 스타일이 나오더군요. 저는 쉽게 설명하고 말하는 호흡에 맞추어 글을 쓰려고 합니다. 따끔한 얘기를 비유적으로 하고 라임을 맞추어 인상적으로 글을 쓰는 것이 저의 스타일입니다.

이처럼 글을 쓰는 스타일이 있듯이 리더십에도 스타일이 있습니다. 경영 이론에서는 리더십을 크게 다섯 가지로 나눕니다. 성과가 제일인 성과지향 리더십, 즉시 수행을 원하는 사령관형 리더십, 비전을 제시하는 비전 리더십, 관계를 중시하는 관계 리더십, 팀원의 육성에 중점을 두는 코칭 리더십이 그것들입니다. 이외에도 서번트 리더십, 카리스마 리더십 등 리더십의 종류는 참 많습니다.

그런데 각각의 리더십은 모두 장단점이 존재합니다. 가령 카리스마 리더십이 지속되기 위해서는 리더가 계속 카리스마를 유지해야 하는 단점이 있습니다. 엄청난 에너지가 들 수밖에 없지요. 또한 관계 리더십은 자칫 성과가 안 나올 수도 있다는 단점이 있습니다. 그래서 리더십 원론에서는 '리더십이 고정되지 않는 것'을 가장 중요하게 여깁니다. 하루가 다르게 변화하는 세상에서 리더 홀로 변치 않는 자신만의 스타일을 고집하다 보면 자기만의 방에 갇혀 세상이 변하는 속도를 쫓아가지 못합니다. 문제는 리더가 자기 세상에 갇히면 팀원도 그 영향을 받는다는 사실입니다.

한편 리더가 고집을 부리면 팀원들은 청개구리가 됩니다. 인간은 누군가 자신을 한쪽으로 끌려고 하면 반대로 가고 싶어지는 속성이 있습니다. 내가 계속 상대 쪽으로 끌려가며 호구처럼 이용당한다는 생각이 들면 상대의 저의를 의심하게 되고, 반발심에 타당한 근거도 없이 상대와 다른 의견을 무리하게 내놓게 됩니다. 대립을 위한 대립을 하게 되는 것이지요.

이런 상황이 건강한 견제와 균형으로 작용하는 경우도 있습니다. 그러기 위해서는 그 '밀당'이 '업무적'이어야만 합니다. 사심이 개입된 밀당이 아니라 일을 잘되게 하려는 밀당이어야 하는 것입니다. 조직에서 일부러 '레드팀'을 만드는 이유도 그 때문입니다. 레드팀의 중요한 역할은 조직 내 전략의 취약한 점을 발견해 공격하는 것입니다. 조직 내에서 레드팀을 운영할 때의 전제 조건은 리더가 레드팀 역할을 하는 팀원에게 불이익을 주거나 감정적으로 대해서는 안 된다는 것입니다. 업무를 잘되게 하기 위한 지적을 감정적으로 받아들이기 시작하면 그때부터는 일은 뒷전으로 밀려나고 감정싸움이 시작되기 때문입니다.

아집에 사로잡힌 리더의 속마음

예전 회사에서 일할 때 저와 유독 잘 안 맞는 팀원이 있었습니다. 그 팀원은 제가 무슨 일만 하자고 하면 반대부터 했습니다. 한편 사석에서는 제게 무척 예의를 갖추었습니다. 업무적으로 늘 반대를 하니 개인적으로는 호의적 관계를 유지하려던 것 같습니다. 시간이 흐르면서 저는 그의 반대가 의견 차이가 아니라 일종의 '챌린지'처럼 느껴지기 시작했습니다. 그런 마음이 들자 서로 업무를 함께하는 것이 껄끄러워지기 시작했고, 자연스럽게 함께 하는 업무도 줄어들었습니다. 다시 생각해 봐도 그 팀원과 저는 함께 이룬 성과가 없다시피 합니다. 저는 이때의 경험이 무척 아쉽고 후회됩니다. '반대를 위한 반대를 하는 팀원'이라고 단정 지은 제 고집이 결과적으로 아무런 결과도 만들어 내지 못했으니까요.

리더가 권위에 집착하면 고집스러워지기 쉽습니다. 물론 권위 자체는 중립적입니다. 우리가 흔히 하는 오해 중 하나가 '권위'를 '권위적'이라는 말과 혼동하는 것입니다. '권위적'이라는 것은 '권위를 내세우는 것'을 뜻합니다. 한편 '권위'는 '남을 지휘하거나 통솔해 따르게 하는 힘'입니다. '권위적'인 것은 나쁘지만, '권위'는 가치중립적입니다. 권위는 리더에게 주어진 권리로 리더가 권위를 가져야 팀원들이 그를 따릅니다. 리더가 권위를 잃는다는 것은 팀원을 통솔할 권리를 잃는다는 뜻입니다. 즉, 리더의 역할을 제대로 할 수 없어진다는 의미입니다.

그런데 권리에는 의무가 따르지요. 권위를 권리로서 행사하려면 그만큼의 의무도 수행해야 합니다. 우리는 어떤 리더가 권리만 행사하고 의무는 제대로 지키지 않을 때 권위적이라고 말합니다. 리더가 고집스러운 것은 단순히 인성 문제로 치부할 수는 없습니다. 리더의 고집 안에는 자신의 권리를 강압적으로 유지해야겠다는 이기심, 고집을 부려 자신의 권위를 확인하려 들려는 심보가 숨어 있습니다.

고집스러운 리더는 팀원들을 분열시킵니다. 리더가 고집스러워지면 팀원들은 깊은 고민에 빠집니다. 그 고집을 계속 따를 것인지, 용기 있게 반대하고 제 의견을 말할 것인지 양자택일해야 합니다. 팀원들의 다수가 리더의 의견에 동의한다면 그 의견이 꼭 옳지는 않더라도 팀원들 사이의 불필요한 대립은 없을 것입니다. 그런데 리더가 또렷한 이유 없이 고집만 부린다면 팀원들은 자신에게 유리한 쪽 혹은 자신의 주관이 가리키는 쪽으로 입장을 정할 것입니다.

사실 건강한 이론(異論)은 조직을 성장시킵니다. 팀원들과 리더가 끝장 토론을 해서라도 조직 전체의 입장이 정해지면 그 다음에는 실행만 하면 되니 리더의 고집이 문제를 푸는 시발점이 될 수도 있습니다.

그런데 만약 토론의 과정이 없고 리더의 무리한 고집만 존재한다면 팀원들은 그런 리더를 따르는 팀원과 거부하는 팀원들로 나누어질 것입니다. 중요한 것은 이 과정에서 '기회주의자' 팀원들이 생긴다는 사실입니다. 리더의 의견이 무엇이든 간에 그의 고집에만 맞혀주면 모든 것이 편해지니 팀원들 중에는 호시탐탐 기회만 엿보는 간신(奸臣)들이 나타나기도 합니다. 역사를 되돌아봐도 간신은 왕이 우유부단할 때도 속출했지만 왕이 고집을 피울 때도 활개를 쳤습니다. 이처럼 리더의 고집은 팀원들을 대립시키고 기회주의자들을 양산합니다.

유연한 리더십을 기르는 법

리더라는 자리는 한 가지 모순을 품고 있습니다. 자기가 하고 싶은 것을 할 수 있는 위치인 동시에 자기가 하고 싶지 않은 일도 해야 하는 위치이기 때문입니다. 스스로가 팀원이자 리더인 1인 기업가로 살아가면서 저 역시 제가 하고 싶은 일과 하고 싶지 않은 일을 5 대 5의 비율로 하는 것 같습니다.

제가 존경하는 리더들을 보면 그들은 모두 자신이 원하는 바를 억제하고, 조직과 팀원이 원하는 일을 우선시하는 패턴을 가지고 있습니다. 그런데 자신이 원하는 것을 못하고 살면, 혹은 원하지 않는 것만 하고 살다 보면 심신의 건강을 해치기 마련입니다. 그래서 저는 리더들에게 리더로서 해야 하는 일을 할 때 그 일을 자신에게도 좋은 일로 승화시키라고 권합니다. 즉, 리더 자신의 고집이 불러일으킬 부작용들을 먼저 떠올리고 무엇이 조직과 팀원에게 좋을지 판단했다면, 그다음에는 그 일들이 본인에게도 좋은 방향이 될 수 있도록 만들라는 말입니다. 그래야 일할 맛이 날 테니까요. 그것이 현명한 리더의 사고방식입니다.

리더가 고집스러움에서 벗어나기 위해서는 스스로에게 좋은 자극을 많이 선사하는 것도 좋은 방법입니다. 이때 업무 외의 일상에서 스스로도 놀랄 만한 체험을 많이 해보기를 권합니다. 아프리카 오지나 미국의 대도시 등 먼 나라로 여행을 가는 것도 방법입니다. 맨날 일로 만나는 사람들만 만나지 말고 전혀 다른 분야의 사람들과 교류를 하는 것도 좋습니다. 그렇게 세상이 얼마나 넓은지, 얼마나 다양한 사람이 존재하는지 새삼 깨달아야 합니다. 성공한 리더는 매일 새로운 것에 놀라워하고 그 놀라움에서 배움을 찾아냅니다. 그리고 이것이 유연함을 기르는 바탕이 됩니다. 반면 세상을 자기 손바닥 위에 올려놓은 양 내가 다 알고 있다고 자신하는 리더는 우물 안 개구리에 불과합니다.

리더라고 해서 항상 옳지 않습니다. 모든 것을 다 알 수도 없습니다. 설령 자신이 조직 내부에서 올린 엄연한 성과가 있다고 해도 그 성과는 리더의 책상 위에서의 성과일 뿐이라는 점을 기억해야 합니다.

세계적인 취업정보 검색엔진 인디드(Indeed)는 "리더십에서 유연성을 향상시키는 열한 가지 방법(11 Ways To Improve Your Flexibility In Leadership)"이란 글에서 리더가 유연함을 키우는 방법을 다음과 같이 제시했습니다. 그중 몇 가지를 추려 소개합니다.

첫째, 호기심을 가져야 합니다. 예를 들어 새로운 분야에서 학위나 자격증을 따고 최대한 많이 배우는 것이지요. 둘째, 자신이 변화에 어떻게 반응하는지 이해해야 합니다. 만일 변화를 불편하게 여기는 사람임을 알게 되면 자신의 생각과 감정을 더욱 잘 다루는 법을 배울 수 있는 계기가 된다고 합니다. 셋째, 지원 시스템을 구축해야 합니다. 즉, 리더가 필요할 때 도움을 줄 수 있는 재능 있는 사람들로 팀을 구성하는 등 자신을 도울 수 있는 견고한 지원 시스템을 갖춰야 합니다. 그러자면 조직 내 구성원들의 재능과 지식에 관심을 기울이고, 그것들을 조직 전체의 이익을 위해 어떻게 활용할 수 있을지 고민할 수밖에 없습니다. 넷째, 조직의 모든 사람에게 피드백을 요청해야 합니다. 그 대상은 직원, 동료 감독자 또는 상관 등 성역이 없어야 합니다.

저는 이 가운데에서도 주변의 피드백이 무척 중요하다고 생각합니다. 리더가 고집을 부리는 이유는 자신 안의 두려움 때문일 가능성이 가장 큽니다. 기존과는 다른 방식으로 행동하면 어떤 손해가 생기지 않을까 하는 두려움 말이지요. 그런 두려움이 들 때 팀원들로부터 피드백을 듣고 그들의 반응을 수집하면 리더로서 어디까지 유연성을 발휘해야 자신에게 해가 없고 오히려 도움이 될지 확인하게 됩니다. 그러면 변화가 그리 두렵지만은 않을 것입니다. 그렇게 유연한 리더로 한 발 내디딜 수 있게 됨은 물론이고요.

4

불통

소통하지 못하는 리더는 길을 잃는다

리더의 말하기는 무엇이 다른가?

저는 지금까지 여덟 권의 책을 통해 독자들과 소통해 왔습니다. 특히 초기에는 조직 내 소통의 기술에 깊은 관심을 가지고 이를 주된 주제로 다뤘습니다.

첫 책 《누가 오래 가는가》에서는 '인정받는 보고를 위한 열세 가지 방법'을 통해 효과적으로 보고하는 기술을 설명했습니다. 이 책의 핵심을 간략하게 살펴볼까요? 보고는 조직 소통의 핵심입니다. 보고하는 방식이나 내용을 보면 팀원의 역량이 보입니다. 구두 보고든 서면 보고든 보고를 통해 팀원이 정보와 의견을 어떻게 정리하는지 알 수 있기 때문입니다. 보고를 소홀히 하면 조직에서 아무리 다른 소통을 잘해도 '일을 못하는 사람'으로 평가받습니다. 보고하는 자리는 매 순간이 오디션이나 마찬가지입니다. 또한 잘못한 보고는 언제고 안 좋은 사례로 회자되므로 보고할 때는 최적의 장소와 타이밍을 골라야 합니다.

보고는 '다큐'가 아니라 '예능'에 가깝습니다. 즉, 입체적인 말하기가 필요합니다. 보고를 하는 사람은 전달하고자 정보를 안팎으로 잘 이어 붙이는 '리포테이너(Reportainer)'가 되어야 합니다. 리포테이너는 리포트(Report)와 엔터테이너(Entertainer)의 합성어입니다. 이러한 내용을 담은 《누가 오래 가는가》는 팀원들을 타깃으로 쓴 책이기는 하지만 리더들 역시 빅 리더에게 보고를 해야 하므로 리더의 말하기 방식에 대한 조언이라고 해도 무리가 없습니다.

두 번째 책인 《직장인의 바른 습관》에서는 '직장 화법 : 나를 더 돋보이게 하는 말의 비밀'이라는 주제 아래, 여섯 가지의 주요 화법을 설명했습니다. 이 책에서 저는 특히 '투머치토커(Too Much Talker)'인 '소통 음치'가 되지 말고 '액티브 리스너(Active Listener)'가 되어 경청하라고 강조했습니다. 일본의 '호렌소' 화법도 소개했습니다. 일본어로 '호렌소(ほうれんそう)'는 '시금치'를 뜻하는데, 여기에서 호렌소는 '보고(ほうこく)', '연락(れんらく)', '상담(そうだん)'의 앞 글자만 따서 만든 용어입니다. 일본에서 효율적인 직장 화법 중 하나로 이야기되는 방식으로, 핵심은 직장에서 말을 '○○을 할까요(상담)'로 시작하여 '○○을 하겠습니다(연락)', '○○을 했습니다(보고)'로 이어지게 하라는 것입니다.

한편 이 책에서는 '메타 커뮤니케이션(Meta Communication)'이라는 개념을 차용해 '소통 방식'의 중요성도 설명했습니다. 메타 커뮤니케이션이란 '모든 커뮤니케이션에는 관계와 내용이 포함되고 관계가 내용을 규정한다.'라는 개념입니다. 저는 여기에 '방식'을 추가해 소통을 할 때는 반드시 '관계, 내용, 방식'을 고민해야 한다고 주장했습니다. 또한 '잡담력'을 길러야 한다고 권하였습니다. 이는 딱딱하고 재미없는 사람으로 기억되지 않기 위해서입니다. 팀원들과 나누는 실없는 긍정적인 대화, 즉 '유쾌체험'을 나누는 것도 업무 관계에 유연성과 친근감을 더해 주는 데 도움이 됩니다.

제가 이 책에서 강조한 또 하나는 '펩토크(격려대화, Pep Talk)'입니다. 미국에는 이 대화법의 중요성을 인식해 펩토크 콘테스트까지 개최할 정도입니다. 이는 리더가 현실은 인정하되 관점을 전환시켜 팀원들로 하여금 적극적으로 행동하게 만드는 화법입니다. 부드러운 자기주장 화법으로 '어서티브 커뮤니케이션(Assertive Communication)'도 권유했습니다. 이는 '하고 싶지 않다.'와 '할 수 없다.'를 말할 때 이유는 명확하게 말하되 거절은 부드럽게 하는 화법입니다.

그렇게 조직 내 소통에 관해 계속 연구하다가 세 번째 책인 《문성후 박사의 말하기 원칙》이란 책에서 그동안 제가 소통에 관해 이야기한 모든 내용을 정리했습니다. 이 책은 원래 LG그룹 산하의 교육기관인 인화원에서 LG그룹의 리더를 위한 말하기 컨설팅 강의를 요청받고 만든 결과물을 단행본으로 정리한 것입니다. 이 책에서 저는 리더들의 말하기 원칙으로 '준비와 자각, 요약과 각인, 공감과 격려, 해결과 모범, 정제와 존중을 늘 염두에 두라.'고 제시했습니다.

소통은 리더에게 가장 중요한 소프트 스킬

소통은 리더가 지녀야 할 가장 중요한 소프트 스킬(Soft Skill)입니다. 제가 아는 팀을 잘 이끈 리더들은 모두가 소통을 잘하는 뛰어난 '통장(通將)', 즉 소통의 달인들이었습니다. 리더의 소통 능력은 선택 사항이 아닙니다. '팀원들이 내 마음을 알아주겠지.' 혹은 '왜 이렇게 내 마음을 몰라주지?' 하는 것은 전부 다 리더가 잘못 생각하고 있는 것입니다. 리더는 팀원과 조직에 자신의 의지와 방향을 알리기 위해 말솜씨를 길러야 합니다. 동서고금의 그 어떤 리더도 과묵함을 장점으로 내세운 리더는 없었습니다. 특히 표현력이 중요한 자질로 떠오르는 요즘, 성공하는 리더는 끊임없이 세상을 향해 자신의 생각을 또렷하게 발산합니다. 소통의 중요성에 대해서는 이미 제 세 번째 책《문성후 박사의 말하기 원칙》의 프롤로그에 소상히 밝혀 적었습니다.

> "말은 할수록 좋아지기 때문에 계속 해봐야 한다. 그러기 위해서 처음에 말을 거는 방법과 말을 듣는 방법을 알아야 한다. 또 나의 말이 듣는 이에게 어떻게 해석되는가도 생각해야 한다. 말은 사람의 지성을 자극하기 때문에 말을 논리적으로 구성하는 법을 알아야 하고, 동시에 감성에 호소하기 때문에 사람의 심리도 알아야 한다. 그뿐만 아니라 사람도 잘 알아야 한다. 여러분 자신과 상대를 잘 파악해야 한다. 결국 말하기는 인간관계로 완성된다고 할 수 있다."

리더라면 소통을 잘해야 한다는 정언명령에는 모두 다 동의할 것입니다. 리더가 불통이면 조직이라는 생명체의 혈액이 원활히 흐르지 않고 결국 심장이 멈출 수도 있습니다.

사실 모든 조직에서 갈등 비용은 피할 수 없습니다. 여러 사람이 모여 의사결정을 하다 보니 필연적으로 갈등이 생기지요. 핵심은 그 갈등 비용을 얼마나 줄일 수 있느냐입니다. 그리고 대개 갈등 비용을 증폭시키는 주범은 바로 불통과 그로 인한 인간관계의 대립입니다. 불통은 팀워크에 많은 장애를 불러옵니다. 예컨대 커뮤니케이션 채널의 단절, 공감 부족, 협업 결여, 인재 이탈 등의 결과를 초래합니다.

요즘 많은 리더들이 MZ세대니 알파세대니 하는 비교적 젊은 세대의 팀원들과 원활하게 소통하지 못하여 답답함을 느낀다고 호소합니다. 그런데 팀원과의 불통을 그렇게 답답해하면서 정작 자신의 소통 방식을 돌아보는 데는 인색한 것 같습니다. 제가 상무까지 역임하고 직장을 떠났음에도 여러 CEO들 앞에서 리더십에 대해 이야기할 수 있는 것은 수많은 강연장과 사석에서 많은 후배 팀원들의 진솔한 얘기를 들어왔기 때문입니다.

소통은 상호적입니다. 즉, 내가 하고 싶은 방식이 아니라 상대가 원하는 방식으로 소통해야 합니다. 오직 리더가 원하는 방식으로 자신이 전달하고자 하는 메시지만 전하는 소통은 팀원 입장에서는 배려와 공감이 없는 소통이기에 말을 아예 안 한 것보다 못한 결과를 불러오기도 합니다.

잘못된 소통도 불통이다

리더의 불통은 '소통을 안 하는 것(Non-communication)', 즉 '무통(無通)' 만을 뜻하지 않습니다. '잘못된 소통(Mis-communication)', '오통(誤通, Communication Error)'은 '무통(無通)'보다 더 커다란 문제를 만듭니다. 리더의 소통 오류는 조직의 진행 방향을 그릇된 방향으로 이끌어 재앙을 불러일으키기도 합니다. 1977년 3월 27일, 스페인 카나리아 제도의 테네리페 로스 로데오스 공항 참사가 대표적인 사례입니다. 그날 네덜란드 암스테르담을 출발한 KLM 4805편 항공기는 로스 로데오스 공항에서 급유를 마치고 이륙 준비 중이었습니다. 한편 미국 로스앤젤레스를 출발한 팬암 1736편 항공기는 로스 로데오스 공항에 임시 착륙한 상태로 활주로를 따라 지상 이동 중이었습니다.

이때 치명적인 커뮤니케이션 오류가 발생했습니다. KLM 기장은 관제사의 "Stand by for takeoff clearance(이륙 허가를 기다리라)."라는 지시를 "Takeoff clearance(이륙을 허가한다)."라고 오해했습니다. 관제사의 지시를 오해한 KLM 기장은 이륙 허가를 기다리지 않고 이륙을 시도했습니다. 당시 팬암 항공기는 아직 활주로에서 지상 이동을 하는 중이었고, 두 항공기는 서로를 확인하지 못해 충돌하게 됐습니다.

결과는 참담했습니다. 두 단어의 차이가 만든 오해는 KLM 4805편에 탑승한 248명 전원을 포함해 총 583명의 목숨을 앗아가는 항공 참사로 이어졌습니다. 단일 항공 사고로는 역사상 가장 많은 사망자가 발생한 끔찍한 사고입니다.

그런데 이 참사의 이면에는 또 하나의 커뮤니케이션 오류가 있었고 이는 사고의 큰 원인으로 작용했습니다. 당시 KLM 4805편의 기장은 야콥 잔텐(Jacob Zanten)이라는 KLM의 최고 경력자로 항공업계에서 매우 존경받는 인물이었습니다. 그가 관제사의 말을 잘못 알아듣고 이륙 시도를 할 때 부기장이었던 클라우스 메이어(Klaas Meurs)는 기장의 권위에 눌렸을 뿐만 아니라 나중에 자신이 받을지도 모르는 불이익을 우려해 이륙을 강하게 반대하지 못했습니다. 그는 기장이 관제사에게 명확한 이륙 허가를 받지 않았음을 알면서도 결국 기장의 무리한 결정에 따랐고, 이는 최악의 참사를 불러일으키고 말았습니다. 이는 리더와 팀원 사이의 불통이 얼마나 큰 사고로 이어질 수 있는지 보여주는 사례입니다.

극한의 상황에서 빛난 어니스트 섀클턴의 소통 리더십

리더의 소통에 있어 가장 모범적인 사례로 남극 탐험가 어니스트 섀클턴을 들 수 있습니다. BBC가 선정한 '지난 1,000년간 가장 위대한 탐험가 10인' 중 한 명인 그는 극한의 위기 상황에서도 탁월한 소통 능력으로 전 대원을 살려낸 리더였습니다.

1914년, 섀클턴은 남극 대륙 횡단이라는 원대한 꿈을 안고 '인듀어런스 호'와 함께 출항했습니다. 하지만 1915년 1월, 배가 얼음에 갇히며 침몰하는 절체절명의 위기를 맞게 됩니다. 이런 극한의 상황에서도 그는 다섯 명의 동료들과 약 1,300킬로미터를 배로 항해해 구조를 요청하였고 결국 배가 난파한 지 10개월 만에 단 한 명의 희생자도 없이 전원을 무사히 귀환시키는 놀라운 업적을 이뤄냈습니다.

섀클턴은 위기 리더십의 모델로서 많은 연구가 되고 있는 인물입니다. 그의 소통은 위기가 오기 전부터 달랐습니다. 그는 출항 전부터 각 대원들에게 개별적으로 편지를 보내 그들의 처우, 의무, 기대되는 성과를 구체적으로 전달했습니다. 예를 들어, 생물학자에게는 정확한 급여 조건, 제공될 장비, 시설 사용권 등을 상세히 명시했습니다. 이러한 명확한 소통은 업무상의 혼선을 사전에 방지하고 신뢰 관계를 구축하는 토대가 되었습니다.

더욱 주목할 만한 것은 배가 난파된 이후의 리더십입니다. 본인은 낙관주의자였지만 결코 낙관에 함몰되지 않고 현실을 직시하였으며, 팀원들에게도 현실 인식을 게을리하지 않도록 독려했습니다. 또한 팀원들을 계속 움직이게 하여 조직이 정적에 휩싸이지 않도록 노력했습니다. 그저 살기 위한 생존활동만 한 것이 아니라 작지만 즐거운 행사도 개최하고 개인적인 목표도 부여하여 팀원들이 희망을 잃지 않도록 끊임없이 격려했으며 지속적인 상황을 공유하며 위기 극복에 팀원들도 함께 참여하도록 하였습니다.

이러한 섀클턴의 사례는 위기 상황에서 리더가 보여야 할 소통의 핵심을 잘 보여줍니다. 첫째, 위기 이전부터 명확한 원칙을 세우고 일관된 신뢰를 구축해야 합니다. 둘째, 위기 상황을 투명하게 공유하고 팀원들의 참여를 이끌어 내야 합니다. 셋째, 낙관적이면서도 치밀한 태도로 최종 결정을 내리고 그에 대한 책임을 솔선수범해서 져야 합니다.

소통의 달인이 되는 법

그렇다면 원활하게 소통하는 리더가 되려면 어떻게 해야 할까요? 제 경험에 비추어 보면, 분위기는 원활한 소통의 절반을 차지할 만큼 중요합니다. 물론 나머지 절반은 소통의 내용이고요. 소통의 분위기가 얼마나 중요한지는 두 상황을 살펴보면 확실히 이해가 됩니다. 가령 회의실에서 회의를 할 때는 정해진 틀 안에서 격식을 따지는 전통적 방식을 따르게 됩니다. 먼저 회의 주재자가 회의를 시작하고 각자 순서에 따라 혹은 말할 내용에 따라 돌아가며 말을 합니다. 조직화된 소통(Organized Communication)의 일반적인 장면입니다. 이때 팀원들은 회의실에 갇힌 것 같기도 하고, 답답하기도 합니다. 얼굴에 웃음기 하나 없지요.

하지만 같은 공간이 오후 티타임의 생일 파티 장소로 바뀌는 순간, 놀라운 변화가 일어납니다. 축하 노래가 울려 퍼지고 진심 어린 덕담이 오가며 순서 없이 자유로운 대화가 꽃핍니다. 이때의 리더는 더 이상 회의 주재자가 아닌, 축하객 중 한 사람일 뿐입니다. 딱딱했던 회의실은 어느새 따뜻한 카페로 바뀌어 탕비실처럼 편안한 수다와 웃음이 넘치는 공간이 됩니다. 분명히 같은 장소인데도 말이지요.

같은 물리적 공간이 이처럼 전혀 다른 소통의 장이 될 수 있다는 점은 중요한 깨달음을 줍니다. 진정한 소통을 이끌어내기 위해서는 시간과 장소를 아우르는 전체적인 분위기를 세심하게 설계해야 한다는 것입니다. 이것이 바로 소통의 달인으로 가는 첫걸음입니다.

저는 직원들과 소통이 잘 안된다는 판단이 들 때마다 분위기를 바꾸어 보려고 노력했습니다. 직원들이 가장 싫어하는 말 중 하나는 리더의 "차 한잔하지."라고 합니다. 제가 들어도 참 건조한 말 같습니다. 다섯 음절 속에 이미 딱딱함이 묻어 있습니다. 그보다는 "○○씨, 흑당 카푸치노 한 잔 사줄까?"라는 제안이 훨씬 경쾌합니다. 이제 장소를 선정해야 합니다. 사내 카페, 회의실, 건물 밖 스타벅스 중 어디로 가는 것이 좋을지, 소음의 데시벨은 어느 정도가 좋을지, 주변인들과의 거리는 적당할지 등을 고려해 신경 써서 장소를 골라야 합니다. 시간대도 잘 생각해야 합니다. 어떤 회사는 반드시 해고 통보를 오후 2시에 한다고 합니다. 점심은 맛있게 먹고 해고 통보를 받으라고요.

제 경험상으로도 연말에 승진 인사 발령은 금요일 오후 4시경에 가장 많이 발표되었습니다. 승진한 사람은 '불금' 저녁에 가까운 사람들과 축하의 저녁 식사를 나누고 주말에는 가족과 승진의 기쁨을 만끽하라는 뜻이겠지요. 탈락자는 바로 퇴근해서 집에 가 주말 내내 마음을 달래라는 의미도 있을 테고요. 회사 입장에서도 그 무렵에 발표를 해야 승진으로 들뜬 마음 때문이든, 탈락으로 인해 가라앉은 마음 때문이든 업무에 영향을 미치는 것을 최소화할 수 있습니다. 특히나 전달해야 하는 내용이 상대를 불편하게 하는 것일수록 시간과 장소를 포함한 분위기가 소통의 성패를 결정합니다.

그다음으로는 소통의 내용을 잘 준비해야 합니다. 여러분은 제대로 된 소통을 하기 위해 어떤 노력을 하나요? 할 말을 종이나 태블릿 등에 미리 쓰고 한번 읽어보나요? 아니면 할 말을 여러 번 생각해서 머릿속으로 메시지를 정리하나요? 전하고자 하는 메시지를 글로 먼저 써보고 그

글이 입에 착 붙을 때까지 연습해 분위기에 맞춰 말할 수 있도록 준비하는 것은 소통의 기본입니다. 조직 내 소통의 궁극적인 목적은 결국 리더와 팀원들이 생각을 일치시키고 하나의 방향으로 나아가는 데 있습니다. 그 과정에서 서로 다른 생각이 확인되기도 하지만, 그조차도 결국엔 생각의 방향을 하나로 맞추기 위한 절차입니다. 이를 위해서는 리더 자신의 전하고자 하는 메시지와 방향성이 뚜렷해야 합니다. 리더부터 무슨 말을 할지 몰라 우왕좌왕하면 조직의 목표가 제대로 공유되지 못합니다.

마지막으로 리더의 마음과 말, 그리고 행동이 하나의 방향으로 나아가야 합니다. 그래야만 비로소 소통이 완성됩니다. 언행일치(言行一致)의 진정성이 함께해야 리더의 말하기에 힘이 생깁니다.

> "생각과 마음, 말, 행동은 언제나 고리를 만들어 순환한다. 만일 행동이 잘못됐다면 자신이 한 말부터 되돌아보라. 혹시 말이 잘못됐다면 나의 생각과 마음을 돌이켜보라. 생각과 마음, 말, 행동은 늘 같은 줄에 서 있다. 그래서 항상 이 모두를 바른 줄에 세워야 한다. 그러면 여러분의 말하기는 강한 힘을 가지게 된다."
>
> —《문성후 박사의 말하기 원칙》'에필로그' 중에서

5

방해꾼

리더십을 방해하는 것들

빅 리더의 그림자가 리더의 빛을 가릴 때

이제까지 리더의 역할을 방해하는 요소들은 모두 리더 자신에게서 비롯된 것들이었습니다. 이는 다시 말하자면 조직과 팀원이 리더를 충분히 잘 지원하는 상황에서 리더가 어떤 부분을 조심해야 하는지 정리한 것입니다. 이 말을 뒤집어 생각하면, 리더가 아무리 잘한다고 한들 주변의 지지와 협조가 없으면 리더가 자신의 자질을 충분히 발휘할 수 없게 되기도 한다는 뜻입니다. 안타깝게도 모든 리더가 일을 잘할 수 있는 환경에 놓이는 것은 아닙니다. 조직문화가 리더를 훼방할 수도 있고 팀원이나 동료, 때로는 빅 리더가 리더의 성과를 끌어내리기도 합니다. 이번 장에서는 리더의 역할을 방해하는 외부 요인들을 하나씩 살펴보도록 하겠습니다.

우선 빅 리더, 즉 리더의 리더가 리더의 커다란 방해자가 되기도 합니다. 이제까지 설명한 리더의 나쁜 습성을 빅 리더가 가지고 있다면 그는 조직의 모든 리더에게 최악의 리더로 군림할 것입니다. 특히 빅 리더와 리더가 '갈등 영역(Conflict Zone)' 안에 놓이면 리더의 성과는 더욱 제한됩니다.

일반적으로 조직 안에서 리더는 자신과 직급 차이가 클수록 해당 팀원에게 관대합니다. 가령 팀장은 신입사원과 갈등을 만들지 않습니다. 이해관계가 대립되지도 않을뿐더러 중간에 범퍼 역할을 하는 예비 리더들이 있기 때문입니다. 반면에 리더와 팀원 사이의 지위 격차가 줄어들수록 갈등이 커집니다. 즉, 갈등 영역에 함께 놓이게 되는 것이지요.

이해하기 쉽게 일반적인 회사의 조직 체계로 이야기해 보자면, 팀장과 차석의 관계가 그렇고, 상무와 전무의 관계, 전무와 부사장의 관계가 그렇습니다. 그렇다면 사장과 부사장은 어떨까요? 만약 부사장이 공동 대표이사라면 사장과 갈등이 커지기도 합니다. 빅 리더 입장에서는 바짝 치고 올라오는 후배 리더에게 모든 걸 내주고 싶은 마음이 생기기 어렵습니다. 이럴 때 두 리더가 잘 타협해서 서로가 서로의 영역을 존중하며 지내면 참 좋을 것입니다. 하지만 조직에는 역동성이 필요합니다. 같은 문제를 놓고 다른 목소리가 나와야 하고, 어느 한 팀이 못하는 일은 다른 팀이 해내야 하는 존재가 조직입니다. 그래서 전사적인 관점에서 빅리더들은 자기 밑의 리더들이 한 방향을 보는 것을 경계해야 합니다.

이러한 이유로 빅 리더와 리더 사이의 갈등은 인체 내부의 면역 작용처럼 조직의 질병을 예방해 주기도 합니다. 그런데 여기에는 전제가 하나 있습니다. 리더와 빅 리더의 갈등이 개인적인 감정에 의한 대립이 아니라 조직의 성과를 위해 도움이 되는 대립이어야 한다는 것입니다. 빅 리더가 리더의 리더십 발휘를 지극히 개인적인 이유로 방해한다면 리더가 아무리 뛰어나도 조직의 위계질서 안에서 제한된 권한 범위 때문에 위축될 수밖에 없고, 결국 저성과자로 낙인 찍힐 수밖에 없습니다. 그러므로 어느 모로 봐도 뛰어난 리더가 성과를 제대로 올리지 못하고 있다면 빅 리더가 갈등 영역 안에서 해당 리더의 성과를 방해하고 있는 것은 아닌지 들여다볼 필요가 있습니다.

가끔은 사리사욕으로 가득 찬 무능한 빅 리더를 만나 리더가 큰 장애를 만나는 경우도 있습니다. 고름은 새 살이 되지 않으며 잘라 내야 합니다. 이런 경우는 빨리 손절하는 것도 현명할 수 있겠습니다.

리더를 방해하는 팀원

리더의 역할을 방해하는 두 번째 외부 요인으로 팀원을 꼽을 수 있습니다. 저는 줄곧 책과 강의를 통해 리더들에게 쓴소리를 해왔습니다. 그런데 사실 리더 입장에서도 참 억울한 경우가 있습니다. 함께 전진해야 할 팀원들이 늘어져 있을 때입니다. 최근에는 직장을 관두지 않는 대신 최소한의 일만 하는 '조용한 퇴사'나 '조용한 휴가'를 즐기는 팀원들이 적지 않다고 합니다. 이런 풍토로 인해 프로젝트의 진도가 계획대로 나가지 않으면 리더의 속만 타들어 갑니다. 그뿐인가요. 요즘에는 MZ세대나 알파세대라고 불리는 새로운 세대와 구세대 사이의 갈등이 너무도 당연하게 여겨지는 세상이 되어서 협업이 잘 안 이루어지는 것도 그저 세대 갈등으로 이유를 압축해 버리곤 합니다. 하지만 사실 하나의 이유만으로 갈등이 발생하는 것은 아니기에 모든 갈등을 세대 갈등으로 뭉뚱그려버리면 진짜 이유는 찾지 못한 채 조직 내 갈등비용만 불어나게 됩니다. 이런 상황을 이해 못 하는 리더는 그저 '꼰대' 리더라는 소리만 듣게 되기 십상이고요.

누구나 그렇지만 자기가 경험해 보지 않은 입장은 쉬이 이해하기 어렵습니다. 팀원들도 리더가 되기 전까지는 리더의 고통을 결코 모릅니다. 이해한다고 해도 속속들이 그 고통을 알지는 못하지요. 반면에 조직은 리더에게 어느 팀원이든 공평무사하게 잘 챙기라고 합니다. 이론적으로는 맞는 말이지요. 차별하는 리더를 누가 따르겠습니까?

하지만 리더도 사람인지라 정이 안 가는 팀원들에게까지 마음을 쓰기가 쉽지는 않습니다. 게다가 일을 그냥 안 하는 것도 아니고 아예 작정하고 일이 안 되도록 방해하는 팀원이라면 함께 데리고 일하기가 녹록하지 않습니다. 가령 리더의 생각과 의견에 무조건 반대하며 다른 팀원들과 공모해서 리더가 원하는 방향으로 일이 흘러가지 못하게 물길을 틀어버리는 팀원도 있습니다. 그렇게 작정하고 안 좋은 마음을 품은 팀원은 리더가 아무리 온몸으로 노력한다고 해도 결국 조직에 균열과 분열을 가져옵니다. 이와 같은 팀원들의 게으름과 악의(惡意)는 리더의 역할을 종종 방해합니다.

조직 문화의 장애물을 넘어서는 법

조직도 리더의 역할을 방해하는 외부 요인 중 하나입니다. 더 정확히 말하자면 조직문화라고 해야 옳습니다. 조직문화는 조직이 일하는 방식이자 판단의 근거입니다. 한 조직이 어떻게 일하고 어떻게 의사결정을 내리는지에 대한 데이터가 쌓여 그것이 보이지 않는 규칙으로 자리 잡으면 그것이 곧 조직문화가 됩니다. 그런데 어떤 조직들은 리더의 역할을 미리 규정해 두곤 합니다. 가령 조직의 결정 사항에 절대 이의를 달지 말고, 그저 빠르고 정확하게 수행만 하라는 조직이 있다고 칩시다. 그 조직에서는 시키는 대로만 하면 리더가 자신의 역할을 다 하는 것으로 여겨집니다. 그 이상 하려고 들면 의욕적으로 평가받기보다 조직의 규정을 거스르는 사람으로 간주될 위험이 있습니다. 하지만 최근에는 이와 같은 '답정너' 조직이 점차 사라지는 추세입니다. 저는 군인, 경찰, 공무원 리더들을 대상으로도 강의를 합니다. 강의를 하다 보면 이렇게 전통적으로 상명하달의 문화를 가졌던 조직들도 이제는 많이 바뀌고 있음을 현장에서 체감하곤 합니다.

오늘날 조직들은 리더들에게 창의력과 혁신적인 마인드를 요구합니다. 많은 분이 리더와 매니저의 차이를 혼동하지만 이 둘은 엄연히 다릅니다. 리더는 변화시키는 사람이고 매니저는 유지하는 사람입니다. 그런데 조직문화가 리더가 변화를 시도하는 것을 싫어할 경우 그 리더는 이름만 리더일 뿐 본질적으로는 매니저에 불과합니다. 리더를 매니저로 만들지, 진정한 리더로 성장시킬지는 조직문화에 달려 있습니다. (여기서 제가 말씀드리는 것은 단순히 명칭의 문제가 아님을 강조합니다. '선임 매니저', '매니징 디렉터' 등 '매니저'라는 이름으로 리더 역할을 하는 경우가 아주 많으니 이 부분에서 오해가 없기를 바랍니다.)

경직된 조직문화가 리더를 방해하기 시작하면 아무리 뛰어난 리더라도 무기력해집니다. 애플(Apple)의 공동 창립자인 스티브 잡스(Steve Jobs)는 1985년 이사회와 당시 CEO였던 존 스컬리(John Sculley)와의 갈등으로 회사에서 쫓겨났습니다. 자신이 창업한 회사조차 스티브 잡스를 돕지 않았던 것이지요. 잘못된 조직문화는 이처럼 훌륭한 리더를 밀어내는 결과를 초래할 수 있습니다. 하지만 스티브 잡스는 이내 복귀했고, 존 스컬리는 결국 스티브 잡스와의 권력 다툼 끝에 1993년에 해임됐습니다. 존 스컬리가 경영하던 시기에 애플이 이렇다 할 혁신을 보여주지 못하였음은 이제 누구나 다 아는 이야기입니다.

리더를 단순 실무자로 활용하는 조직문화도 리더의 역할을 방해합니다. 이는 리더에게 걸맞지 않는 업무를 시키는 경우입니다. 사실 조직의 성과를 위한 일에 위계를 매길 순 없습니다. 크든 작든 모든 회사의 일은 중요한 일입니다. 다만 일을 배분할 때 그것을 가장 잘할 수 있는 적임자에게 맡기는 것이 핵심인데요. 업무 분장의 기준 없이 일이 나뉘는 조직문화가 지배적인 기업도 적지 않습니다. 조직의 업무 분장 제1원칙은 각 위치와 직급에 따라 그 사람이 가장 잘할 수 있는 일을 배정해주는 것입니다.

로펌의 예를 살펴볼까요? 로펌에 소속된 변호사들은 모두 동일한 변호사 자격증이 있습니다. 하지만 각 변호사마다 잘하는 분야가 따로 있고, 한 팀 안에서도 파트너 변호사와 실무 변호사가 효율적으로 일을 각각 나눠서 진행합니다. 이는 누가 더 잘나고 못나서의 문제가 아닙니다. 각자 잘하는 일이 따로 있는 것이지요.

외부의 방해꾼에 대처하는 리더의 현명한 자세

그렇다면 리더는 방해자들을 만났을 때 어떻게 처신해야 할까요? 무엇보다 평소에 회복탄력성을 높여 두어야 합니다. 소위 '중꺾마(중요한 것은 꺾이지 않는 마음)'를 장착해야 하는 것이지요. 위아래에서 나를 힘 빠지게 하고 조직조차 내 맘처럼 나를 돕지 않지만 나는 내 삶을 살아가야 합니다. 상황은 언제나 바뀌기 마련입니다. 지금 나를 힘들게 하는 빅 리더도 언젠가는 자리에서 물러나 내가 그 자리에 오를 수도 있습니다. 요즘처럼 이직이 잦은 시절에는 내 팀원들도 언젠가는 퇴사를 하거나 다른 팀으로 갈 수도 있습니다. 조직의 일원이자 리더로서 나도 조직문화를 만드는 일원이니 나부터 좋은 방향으로 조직문화를 개선해 나가겠다고 마음을 단단히 먹어야 합니다.

이렇게까지 좋은 방향으로 생각을 매일 리셋해야 하는 이유는 하나입니다. 리더가 방해 요인을 만나 좌절해서 그 자리에 그냥 주저앉아버리면 리더를 따랐던 팀원들과 리더를 신뢰했던 조직도 똑같이 주저앉게 되기 때문입니다. 그러므로 내가 지금은 비록 방해꾼들 때문에 성과를 올리지 못하고 있더라도 끝까지 리더다움을 유지하고 강화해서 상황이 바뀌기를 기다려야 합니다. 실제로 그렇게 버티고 인내한 리더들이 조직의 수장 자리를 차지하는 경우가 많습니다. 강해서 버틴 것이 아니라 버틴 사람이 강한 사람입니다.

한편 기꺼이 쉼표를 찍을 수 있는 여유도 필요합니다. 리더는 많은 에너지를 써야 하는 자리입니다. 리더가 아무리 스스로를 토닥이고 이를 악물고 나가려 해도 하루는 일이 되다가 하루는 일이 되질 않습니다. 이럴 때 필요한 것은 잠깐의 멈춤입니다. 충전된 양보다 에너지를 많이 쓰면 당연히 배터리는 방전됩니다. 에너지는 그냥 놔둔다고 저절로 가득 차지 않습니다. 에너지는 의도적으로 채워야 합니다. 리더 스스로 주변에 적만 우글댄다고 느끼거나 우군이 적다고 느낄 때엔 리더십을 발휘하려고 애쓰기보다 잠시 쉬면서 충전의 시간을 갖는 편이 현명합니다. 아무리 수영을 잘한다고 해도 틈틈이 물 밖으로 호흡을 하지 않으면 먼 거리까지 수영을 하기는 어렵습니다.

리더가 지칠 때, 특히 사람 때문에 지칠 때는 잠시 멈추고 쉼을 가져야 하는 때라고 스스로를 설득하길 바랍니다. 잠시 쉬면서 그간의 관계들, 내가 리더로서 해온 역할 등을 되돌아 생각해 보면 적군을 우군으로 바꿀 수 있는 방법들이 자연스럽게 생각날 것입니다.

그렇게 쉬면서 방해자를 협조자로 만들려고 시도를 해보았는데도 여전히 어렵다면, 그때는 모든 어려움을 혼자서 다 감당하려 하지 말고 조직에 도움을 청하길 바랍니다. 조직이 리더를 충분히 도울 의지와 여력이 있는지 여부는 그 리더가 어려운 상황에 처했을 때 온전히 드러납니다. 조직이 계속 리더를 믿는다면 조직은 리더의 어려움에 발 벗고 나서서 도움을 주려 할 것입니다. 반면에 조직이 리더가 겪는 문제에 거리를 둔다면 리더는 이제 이 조직에 남을 것인지 떠날 것인지를 결정해야 합니다.

지금까지 리더의 역할을 방해하는 요소를 살펴봤습니다. 리더가 조직을 떠나는 이유는 여러 가지입니다. 미국의 프린트 및 컴퓨터 제조업체 휴렛팩커드의 CEO 칼리 피오리나(Carly Fiorina)는 컴팩(Compaq)과의 합병을 추진했지만, 주가 하락과 성과 목표 미달로 인해 이사회에 의해 해임됐습니다. 미국의 백화점 체인인 제이씨페니(JCPenney)의 CEO였던 론 존슨(Ron Johnson)은 매일 낮은 가격의 상품을 소비자들에게 제공하는 혁신을 시도했지만 매출이 크게 감소해서 결국 해고됐습니다. 테슬라모터스(Tesla Motors)를 창립하고 CEO로 재직했던 마틴 에버하드(Martin Eberhard)는 생산 지연과 높은 생산비 문제로 인해 공동 창립자인 일론 머스크(Elon Musk)와 갈등을 빚고 해임됐습니다. 우버의 공동 창립자인 트래비스 칼라닉(Travis Kalanick)은 내부 혼란과 스캔들에 대한 미숙한 대응 때문에 CEO 자리에서 물러났습니다. 미국의 가정집 인테리어 업체 홈디포(The Home Depot)의 CEO 밥 나델리(Bob Nardelli)는 권위적인 리더십과 과도한 보상으로 인해 비판을 받아 결국 사임했습니다. IBM의 CEO 존 에이커스(John Akers)는 CEO로 재임하는 동안 IBM을 개인용 컴퓨터 혁명에 적응시키지 못해 수익이 크게 하락한 것에 대한 책임으로 CEO 자리에서 해임됐습니다.

이러한 사례들을 자세히 들여다보면, 리더의 실패 뒤에는 무지, 교만,

무책임, 무능, 무관심, 위임 미숙, 허약함, 고집, 불통, 방해자 등의 이유가 복합적으로 작용합니다. 사실 리더가 자신의 역할을 제대로 못하고 무너질 때는 단 한 가지의 이유로 인해 무너지지 않습니다. 앞서 설명한 열 가지 이유가 합쳐지고 상호작용하면서 리더가 위기에 빠지게 되는 것이 일반적입니다. 그러므로 리더는 이 중 단 하나라도 자신에게 침투할 조짐이 보일 경우 지체하지 말고 당장 없애려고 노력해야 합니다. 더불어 다른 문제들이 치고 들어오지 않도록 경계해야 합니다. 부정적인 요인들의 파급효과는 긍정적인 파급효과에 비해 더 빠르게 확산되기 때문입니다.

III.

리더가 반드시
해내야 할 것

조직이라는
전체 인격을 생각하다

가장 먼저 리더가 해야 할 일

리더가 되면 가장 먼저 해야 할 일은 무엇일까요? 당연히 자신의 역할부터 파악하는 것입니다. 자신이 꼭 해야 할 일만 잘해도 조직에서는 리더의 역할을 다 했다고 볼 수 있습니다. 조직생활을 오래 잘하려면 다음의두 가지만 기억하면 됩니다. 첫째, 조직이 함께 하자는 것을 잘하면 됩니다. 둘째, 조직이 하지 말기를 바라는 것은 하지 않으면 됩니다. 가령 조직이 위기극복을 위해 모든 노력을 기울이자고 하면 그에 맞는 노력을하면 됩니다. 만일 조직이 기강이 해이해지는 것을 극도로 경계한다면그렇게 안 하면 됩니다. 요컨대 리더는 언제나 조직과 결을 같이 해야 합니다.

그런데 종종 리더가 조직보다는 팀원들과 정렬하는 경우를 봅니다. 이것은 리더의 큰 착각에서 비롯됩니다. 개별 팀원 혹은 팀원들이 아무리 똘똘 뭉친다고 한들 조직은 그보다 거대합니다. '법인(法人)'이라는 말이 있듯이 조직은 그 자체로 하나의 생물이요, 인격체입니다. 리더는 조직이라는 '전체 인격'의 지시에 따라 자신이 할 일과 하지 말아야 할 일을 정해야 합니다. 리더로 일하다 보면 때때로 조직과 팀원 사이에서 갈등을 겪기도 합니다. 특히 '전체 인격'인 조직보다 '부분 인격'인 팀원들을 더 신경 쓰고 의식하다 보면 갈등이 더욱 심화될 수 있습니다.

물론 자신의 팀원들을 생각하는 마음도 귀합니다. 하지만 궁극적으로 조직은 이익을 창출하기 위한 목적으로 만들어진 집단이고, 리더는 조직을 위해 일정 수준의 권한을 부여받은 사람입니다. 따라서 비정하다는 말을 듣게 될지언정 조직이라는 전체 인격을 생각하고 업무를 수행해야 마땅합니다.

저는 전작《리더의 태도》에서 '충직(忠直), 자존(自尊), 배려(配慮), 개방(開放), 갈망(渴望), 단정(端整)'이라는 여섯 개의 단어로 리더의 태도를 정리했습니다. 이번 책에서는 '리더의 역할'을 모두 다섯 가지로 정리했습니다. '자극(刺戟), 도전(挑戰), 결정(決定), 도달(到達), 조력(助力)'이 그것들입니다. 그럼 하나씩 그 내용들을 살펴보겠습니다.

1

자극

자극 없이는 성장도 없다

자신을 깨우는 리더가 조직도 깨운다

'시스템적으로 움직인다.'는 말을 한 번쯤 들어보셨을 것입니다. 이는 정해진 체계에 따라 움직이는 것을 가리킵니다. 많은 리더가 시스템에 의해 조직이 움직이는 것을 무척 선호합니다. 그런데 이런 마음에는 한 가지 오해가 깃들어 있습니다. 시스템이라고 하면 안정적으로 세팅되어 더이상 손을 쓰지 않아도 되는 체계를 떠올리는 것입니다. 그러나 시스템은 '정적인' 상태가 아닙니다. 시스템은 수시로 상호작용(Interacting)을 하면서 조화롭고 통일성 있게 계속 움직이는 '동적인' 상태를 말합니다. 우리는 종종 컴퓨터 등의 기계가 멈추거나 속도가 느려지면 '시스템 에러가 생겼다.'라고 합니다. 즉, 움직이지 않으면 시스템이 아닙니다.

그런데 시스템이 정상적으로 굴러가려면 누군가가 그것을 움직여주어야 합니다. 조직에서 시스템을 굴리는 역할을 하는 이가 바로 리더입니다. 리더는 시스템을 움직이기 위해 팀원들을 자극해 변화를 이끌어내야 합니다.

만일 어떤 리더가 새롭게 부임했다면 그 리더는 이전 리더와 달라야 합니다. 물론 잘하고 옳은 것은 이어 가야겠지만 그것 또한 그대로 이어 가는 것이 아니고 증폭하고 확대해서 이어 가야 합니다. 리더는 그저 현상 유지를 하는 데서 그치거나 대과(大過) 없이 자리 보전을 하다가 떠나는 사람이 아닙니다. 리더는 기꺼이 조직을 '흔드는' 사람이어야 합니다. 여기서 흔든다는 것은 조직을 혼란에 빠뜨린다는 의미가 아니라 조직에 건강한 활력을 불어넣는다는 뜻입니다.

리더는 자극을 통해 자기 자신부터 움직여야 합니다. 즉, 남이 준 동기에 의해서가 아니라 자신 스스로의 힘으로 자신을 움직이게 만드는 것입니다. 이를 통해 팀원과 조직에도 그 진동을 전달해야 합니다. 우리는 보통 자극이라고 하면 외부에서 오는 것이라고 생각합니다. 하지만 '내적 동기부여'란 말이 있듯이 스스로 '내적 자극'을 만들어 낼 수도 있습니다. 그것은 바로 강력한 소명감(Mission)에서 비롯됩니다. 주니어 팀원들은 종종 자신과 조직을 '맞교환 관계'라고 생각합니다. 그래서 자신이 조직에 기여하면 할수록 자신의 시간과 에너지를 빼앗긴다고만 여깁니다. 그렇게 생각하니 자연히 자기가 받는 연봉 이상으로 노력을 투입하거나 시간을 들여 일하려고 하지 않습니다.

하지만 리더는 이와 달라야 합니다. 내가 조직에 기여하는 만큼 그 시간과 에너지가 내 것으로 남는다고 생각해야 합니다. 그리고 조직에 분명히 자신이 기여하는 바가 있다고도 여겨야 합니다. 그렇게 리더라는 역할에 소명감을 가지게 되면 같은 일을 해도 더 나은 결과를 만들어 낼 수 있습니다. 어릴 적 학교에서 단체로 청소할 때를 떠올려 보세요. 청소가 내 일이라는 생각이 들지 않으면 청소 시간에 최대한 놀다가 다른 친구들이 청소를 다 끝낼 무렵에야 어슬렁거리며 교실에 들어옵니다. 반대로 내가 청소를 해서 교실을 깨끗하게 만들고 친구들의 수고도 덜어주겠다고 마음을 먹으면 그때부터는 청소도구가 어디 있는지 눈에 들어오고 지저분한 곳들도 금방 파악됩니다. 할 일이 눈에 띄니 몸도 바쁩니다. 이처럼 소명감은 행동을 바꿔놓습니다. 자기 역할에 대한 소명감은 업무를 추진하는 에너지이자 원동력으로 작용합니다.

일론 머스크에게 배우는 자극의 기술
소명감 불러일으키기

저는 그간 여덟 권의 책을 썼습니다. 제 역량에 비해 참 많이도 썼습니다. 출판사에 원고를 보내기 위해 책을 써야 하는 시기가 도래하면 타자를 치기 전부터 지칩니다. 어릴 적 개학날이 다가오면 배부터 살살 아프고 시간이 가는 게 원망스러웠던 것처럼 말이지요. 하지만 결국 개학날이 다가오듯이 마감일이 성큼 다가오고 있기에 컴퓨터를 켜고 앉아 타자를 치기 시작합니다. 글이 술술 나오는 날도 있지만 어떤 날은 원고지 200자 한 장을 메우기도 힘든 날이 있습니다. 그럴 때마다 저는 저를 일으켜줄 무언가를 떠올립니다. 제 책을 사서 읽고 블로그에 글을 올려준 독자들, 제 강연을 듣고 감사를 전해준 청중들, 그리고 제가 쓴 원고를 한 권의 책으로 만들기 위해 준비 중인 출판사 분들… 이분들을 생각하며 제 마음속에 소명감을 꾹꾹 눌러 심습니다. 스스로를 '피플 체인저(People Changer)'로 소개하는 것에 부끄럽지 않도록 오늘도 최선을 다해 내 생각을 써나가야 한다고 제 정수리에 자극을 주는 것이지요.

소명감으로 역사에 이름을 남긴 사람을 이야기하라면 저는 일론 머스크를 손꼽지 않을 수 없습니다. 그는 1995년 '집투(Zip2)'라는 회사를 설립하며 본격적인 커리어를 시작했습니다. 집투는 대형 언론사에 소프트웨어를 판매하고 저작권료를 받아 수익을 올리는 회사였습니다. 일론 머스크는 집투 설립 초기부터 휴가도 없이 일하는 워커홀릭이었습니다. 애초부터 그는 자신이 부지런히 움직여야 조직도 움직인다는 생각을 집요하게 한 리더였습니다. 그는 공감 능력이 부족하고 때로는 과도한 목표를 세운다는 비난도 감수하며 자신이 세운 목표를 이루기 위해 초보 사업가 시절부터 24시간이 모자라도록 일했습니다. 이러한 강행군으로 그는 집투의 성공을 이루어 냈고 1999년에는 집투의 성공으로 거둔 수익을 바탕으로 '엑스닷컴(X.com)'을 설립했습니다. 아날로그 방식으로 이루어지던 금융 거래를 디지털화한 온라인 은행을 설립한 것입니다. 엑스닷컴을 경영할 때도 머스크는 앞뒤 가리지 않고 전진만 했고 직원들은 이런 머스크의 속도를 따라가느라 전력을 다했습니다.

그는 2000년대 초 비행기 조종사 면허를 땄습니다. 머스크는 이때부터 화성에 갈 계획을 세웠습니다. 그는 앞으로 기술의 발전은 계속될 것이고, 인구는 늘어날 것이므로 발전된 기술을 토대로 화성을 제2의 인류 거주지로 만들겠다는 원대한 목표를 세웠습니다. 당시 많은 이들이 그의 목표가 불가능하다며 비웃었지만 그에게는 자신만의 소명감이 있었던 것이지요. 머스크에게 그 소명을 실현하기 위한 구체적인 방법은 화성으로 가는 로켓 회사를 만드는 것이었습니다. 실제로 2002년 머스크는 '스페이스 X(Space X)'라는 로켓 회사를 설립합니다. 머스크는 스페이스 X에 우수한 인재를 영입하기도 했지만 스스로도 로켓 박사라 할 수 있을 만큼 엄청난 양의 학습과 실험을 통해 로켓 비즈니스의 본질을 파악했습니다. 그 결과, 스페이스 X는 수차례의 발사 실패를 딛고 지금은 미 항공우주국(NASA)에 버금가는 민간 로켓회사이자 위성 인터넷 스타링크(Starlink)를 보유한 기업으로 성장했습니다.

한편 머스크는 2002년 전기자동차 회사인 '테슬라 모터스'를 인수합니다. 휘발유가 아닌 전기로 가는 자동차를 양산하겠다고 선언한 머스크는 자신이 호언장담한 대로 전기 충전을 해서 장거리를 달릴 수 있는 새로운 모빌리티를 만들어 냈습니다. 이제 하늘에서는 스페이스 X의 로켓이 날아다니고 땅에서는 테슬라의 전기 자동차가 달립니다. 그는 또한 2022년 트위터(Twitter)를 인수해 2023년부터 'X'라는 이름으로 소셜 네트워킹 서비스를 제공하고 있습니다. X는 수익성에 대한 논란이 있지만 여전히 지구상의 가장 강력한 SNS로 기능 중입니다. 머스크는 트위터를 인수하면서 약 50퍼센트의 직원을 해고했고, 이후에도 X의 혁신과 변화를 위해 다양한 조치를 취했습니다. 이외에도 머스크는 2015년 '오픈AI(Open AI)'를 창업하고, 2016년에는 '뉴럴링크(Neuralink)'를 창업했습니다. 오픈AI는 인공지능의 원조인 챗GPT를 만들었고, 뉴럴링크는 인간의 뇌와 AI 칩을 연결해 기계들과 인간이 직접 소통함으로써 인간의 질병을 치료하고자 목적한 회사입니다. 머스크는 물리적인 운송수단을 통해 이 세계를 연결하는 것뿐만 아니라 온라인을 통해 사람과 사람, 사람과 기계 사이를 연결하는 중입니다. 이는 엄청난 도전이자 혁신이지요.

머스크는 한 매체와의 인터뷰에서 이렇게 말했습니다. "지옥처럼 일하세요. 매주 80~100시간씩 일해야 한다는 말입니다. (이렇게 하면) 성공 확률이 높아집니다. 다른 사람들이 40시간씩 일하고 당신이 100시간씩 일한다면, 같은 일을 하더라도 4개월 만에 그들이 1년 동안 해내는 일을 이룰 수 있다는 사실을 알 수 있습니다." 머스크의 인간적인 면에 대한 평가는 사람마다 다를 수 있습니다. 하지만 그가 창업이나 기업의 인수합병을 통해 세상을 바꾸는 데 엄청난 기여를 했다는 점은 그 누구도 부인할 수 없습니다. 그는 어려운 문제를 풀기 위해 자신을 지독하리만큼 자극했고 조직을 강박적으로 자극했으며 세상을 거대하게 자극했습니다. 그는 자신이 품은 소명을 이루기 위해 노력한다는 점에서는 탁월한 리더임이 틀림없습니다.

리더의 자극 원칙 1
조직과 팀원의 동의가 필요하다

그렇다면 이제 리더가 자신을 넘어서서 조직과 팀원을 자극하는 방법들에 대해 이야기해 보겠습니다. 리더가 조직과 팀원을 자극하기 위해서는 우선 '니즈 파악'을 해야 합니다. 자극이 좋은 결과에 도달하려면 자극을 주는 사람이 에너지가 있어야 하고, 자극을 받는 사람은 기꺼이 수용할 준비가 돼 있어야 합니다. 병원에 가서 따끔한 주사를 맞거나 입에 쓴 약도 꿀꺽 삼키는 것도 그것이 건강에 도움이 되는 것을 아니까 하는 것입니다. 즉, 수용자 입장에서 어떤 자극이 필요한지를 파악해 그에 걸맞은 자극을 주어야 조직의 성과에 보탬이 됩니다. 리더, 조직, 팀원은 각기 다른 존재입니다. 따라서 리더가 자기 좋을 대로 자극을 주려고 하면 반발심만 불러일으킬 수도 있습니다. 따라서 사전에 조직과 팀원에게 양해를 구하고 어떤 자극을 필요로 하는지 알아볼 필요가 있습니다. 가령 '이 조직은 나에게 무엇을 바랄까?', '우리 팀원들은 나에게 무엇을 기대할까?'에 대해 깊이 고민하고 명확한 답을 찾아내야 합니다.

한편 리더는 자극의 방향도 잘 결정해야 합니다. 자극의 방향은 크게 네 가지 시나리오가 있습니다. 여기서는 다음과 같이 팀원의 네 가지 경우로 이야기를 해보겠습니다.

  1 팀원이 니즈는 있는데 동의하지는 않는 경우
  2 팀원이 니즈도 있고 동의도 하는 경우

3 팀원이 니즈는 없는데 동의하는 경우

4 팀원이 니즈도 없고 동의도 하지 않는 경우

이 네 가지 시나리오에 따라서 리더의 행동은 달라져야 합니다. 먼저 1번, 팀원이 자극에 대한 니즈는 있는데 동의하지 않는 경우입니다. 팀원이 현재의 상황에서 변화를 원하긴 하지만 리더가 자극을 주고 직접 흔드는 사람이 되는 것까지는 바라지 않는 경우입니다. 현재가 만족스럽지는 않지만 리더가 나서서 변화를 주도하는 것까지는 바라지 않는 것이지요. 제가 리더로 있을 당시 팀 분위기를 망치고 일방적으로 흐름을 주도하는 팀원이 있었습니다. 다른 팀원들도 그 팀원을 제어하기를 바랐지만 굳이 자신들도 별도의 신경을 쓰고 싶어 하지는 않았습니다. 당시 저는 리더로서 상황을 변화시켜야 했지만 팀원들의 묵시적 부동의(不同意)로 변화를 중도에 포기했습니다. 그 팀에 리더로 오래 머물지 않을 예정이었기에 그런 선택을 했던 것이지만 조금은 안타까운 마음도 들었습니다.

2번의 경우는 리더가 자극을 실행하기에 최적인 상황입니다. 팀원이 니즈도 있고 동의도 하는 상황입니다. 가령 지금 팀의 성과가 낮아서 팀의 성과를 끌어올리고 싶은 욕구도 있고 리더가 그 역할을 적극적으로 해 주길 바라는 경우입니다. 이럴 때는 팀원과 니즈를 협의하고 목표를 설정한 후 자극에 대한 동의를 얻어 리더가 강력하게 실행하면 됩니다.

3번의 경우는 팀원이 자신의 니즈가 무엇인지 잘 모르는 경우입니다. 이런 경우도 얼마간 희망적입니다. 리더가 팀원의 니즈를 함께 발견하고 정의할 수만 있다면 리더가 자극을 실행하기에 충분한 상황입니다. 예를 들어 팀원이 리더를 따르고 존중하는 상황에서 리더가 성장을 멈춘 팀원에게 성장의 필연성과 성장이 멈춘 이유를 알려준다면 팀원은 성장의 니즈가 생길 것이고 큰 저항 없이 리더의 자극에 동의할 겁니다.

4번의 경우는 팀원이 니즈가 없고 리더에 대한 팔로워십도 없는 상황인데, 이때 리더는 자칫 화석화됩니다. 조직 내에서 고립되고 리더의 성과도 저하된다는 말이지요. 보통 리더들에게는 팀원과 소통을 많이 하라는 조언이 주어지지만 소통도 또렷한 목적이 있어야 순기능을 합니다. 리더가 팀원과 소통할 때는 두 가지를 꼭 파악해야 합니다. 팀원이 리더에게 바라는 니즈, 그리고 자극에 동의할지 여부입니다. 소통을 할 때는 이 두 가지 요소를 찾는 데 목적을 두어야 합니다. 특히 리더가 새로운 역할을 맡으면 초기에는 이러한 '목적형 소통(Purposeful Communication)'이 아주 중요합니다.

예전의 조직에서 특히 많이 사용하던 "시키면 시키는 대로 하고, 까라면 까."라는 폭력적인 말이 있습니다. 이 말의 가장 큰 문제는 동의와 합의를 염두에 두지 않는 말이라는 점입니다. 자극도 마찬가지입니다. 리더가 조직과 팀원에게 자극을 주기 위해서는 자극의 필요성부터 정당화해야 합니다. 조직에 긴장감을 불어넣겠다고 리더가 앞서가면 저항이 생기기 마련입니다.

제가 오래전 다니던 회사에서는 직원들의 정신 무장을 목적으로 부트 캠프에 입소시키곤 했습니다. 당시 조직 내에 변화가 필요하다고 판단했던 리더는 직원들에게 새로운 마음으로 출발하라는 취지에서 부트 캠프에 참여하게 한 것입니다. 결과는 어땠을까요? 직원들이 내적으로 어떻게 변화했는지는 모르겠습니다만, 제가 보기엔 직원들은 그저 재미있는 게임 혹은 피곤한 육체 활동을 한 것으로 생각하는 듯했습니다. 그것으로 그 조직의 생산성 등이 향상되었다고 보기는 조금 어려웠지요. 이런 식으로 리더가 자극을 주는 방식이 일방적인 탑다운(Top Down) 방식이면 대부분 실패합니다. 필요를 느끼지 못하거나 동의 없이 이루어지는 자극은 불편할 뿐만 아니라 심지어 불쾌하기까지 합니다. 따라서 리더가 조직이나 팀원에게 자극을 주고자 목표했다면 조직 또는 팀원이 그 자극에 기꺼이 동의하고 수용할 마음이 생기도록 사전에 충분히 설득해야 합니다.

리더의 자극 원칙 2
리더의 자극은 방향성이 있어야 한다

새로운 리더가 야심차게 조직에 합류했다가 조직과 갈등을 빚고 물러나게 되는 경우를 종종 봅니다. 대체로 과감한 혁신을 시도하는 과정에서 기존 구성원들과 합의에 이르지 못해 내부 분란이 발생했을 때 이런 일이 일어납니다. 조직을 어떠한 방향으로 바꾸어나갈지에 대한 정확한 비전이나 청사진 없이 '뒤집어버리겠다'는 의욕만 앞서면 이렇게 일을 그르치게 됩니다. 자극은 방향성이 없으면 혼돈만 불러옵니다. 자극에는 반드시 방향성이 있어야 합니다. 리더는 자신에게 주어진 권한과 권위로 팀을 이끄는 자리입니다. 방향타를 쥔 선장과 마찬가지이지요. 그런데 선장이 의욕이 지나쳐 배를 여기저기로 마구 움직이면 배에 탄 선원들은 멀미로 고생합니다. 응급처치에 사용하는 제세동기(심장충격기)를 떠올려 보세요. 제세동기는 심장이 멈췄을 때만 사용합니다. 즉, 심장이 약하게 뛰고 있을 때는 바로 제세동기를 사용하지 않습니다. 자극은 강도가 강할수록, 즉 변화의 폭이 클수록 그 영향에 대해 최대한 사려 깊게 생각해 보고 시도해야 합니다.

앞에서 짧게 언급했던 칼리 피오리나 이야기를 더 해볼까 합니다. 1999년부터 2005년까지 휴렛팩커드의 CEO를 역임한 그녀는 2002년 역사상 가장 큰 기술 부문 합병 중 하나를 실행했습니다. 개인용 컴퓨터 제조업체인 컴팩을 인수한 것입니다. 이 합병으로 당시 휴렛팩커드는 세계 최대의 개인용 컴퓨터 판매업체로 등극합니다. 이때까지는 피오리나의 시도가 조직과 팀원, 시장 전체에 엄청난 자극을 주었습니다. 그러나 그 자극이 성과로 이어지지는 못했습니다. 자극 그 자체가 목표가 되어서는 안 됩니다. 자극은 조직과 팀원에게 에너지를 불어넣고, 멈춰 있는 현재를 움직이는 미래로 만들어 주는 '긍정적 충격(Positive Impact)'입니다.

휴렛팩커드의 컴팩 인수는 개인용 컴퓨터 시장이 퇴조하면서 실패로 평가받았고 휴렛팩커드는 결국 12억 달러를 손실 처리했습니다. 한편 그녀는 휴렛팩커드의 조직문화를 바꾸기 위해 '자발적 급여 인하 요청' 프로그램을 실시했는데, 이는 직원 3만여 명의 해고와 이에 따른 불만으로 이어졌습니다. 그녀는 결국 2005년 휴렛팩커드 CEO 자리에서 물러날 수밖에 없었습니다. 피오리나의 시도는 자극의 출발점은 됐으나 결과적으로 조직과 팀원에게 '부정적 충격(Negative Impact)'을 안겨준 셈이지요.

리더의 자극 원칙 3
자극은 작은 데서부터 시작해야 한다

리더의 자극 원칙 세 번째는 바로 '작게 시작하라(Start small)'입니다. 리더의 자극이라고 하면 뭔가 놀랍고 강력해야 할 것 같다는 강박을 느끼기 쉽습니다. 하지만 작은 자극이 훗날 커다란 변화로 이어지기도 합니다. 자극에는 나비효과가 있기 때문입니다. 그러므로 리더로서 조직이나 팀원에 자극을 주겠다고 마음을 먹었다면 작은 일에서부터 실행해 보기를 권합니다. 이때 자극은 작은 것에서 시작해 지속적으로 점점 크기를 키워가야 합니다. 동일한 자극만 반복되는 것은 좋지 않습니다.

웨이트 운동을 할 때는 떠올려보세요. 점점 더 무거운 무게를 들어야 근육이 늘어납니다. 운동을 하는 동안 역치(감각세포에 흥분을 일으키는 최소 자극의 크기)를 넘어서는 과부하가 축적되어야 근육이 자극을 받아 강화되는 것이지요. 리더가 조직과 팀원에게 주는 자극도 마찬가지입니다. 자극은 처음부터 무리하게 시도할 것도 아니고, 가끔 가다 한 번씩 세게 주어서도 안 됩니다. 둘 다 부작용만 일어납니다. 갑자기 무리한 운동을 하면 부상만 입고 그 때문에 한동안 운동을 못하는 것과 같습니다.

리더는 조직과 팀원이 수용할 수 있는 수준에서 자극을 시작해야 합니다. 그 자극의 수용 정도에 따라 리더는 역치를 넘어서는 자극을 조직과 팀원에 주어 점진적인 개선을 해야 합니다. 자극이라는 말은 무척 '자극적'이지만 자극이 효과가 있으려면 '순차적'으로 이루어져야 합니다. 가령 팀원이 성과를 내지 못하고 있다면 당장 평가를 통해 급여를 삭감

할 게 아니라 달성 가능한 목표를 세워 성과 지향성부터 키워야 합니다. 자극의 목표는 점차 확장되어야 하고 과정은 지속적이어야 합니다. 그래서 자극을 잘 활용하는 리더는 인내심과 꾸준함, 집요함을 두루 겸비하고 있습니다.

리더의 자극 원칙 4
정제되고 정교한 자극이어야 한다

리더의 자극 원칙 네 번째는 '정제되고 정교하게(Refine) 자극하라'는 것입니다. 여러분, 〈올빼미〉라는 한국 영화를 보셨습니까? 그 영화에서 주인공인 침술사 경수가 인조의 오른손을 침으로 마비시켜 왼손으로 글을 쓰게 하는 장면이 나옵니다. 이처럼 인체에 놓는 침 하나가 어느 혈자리에 들어가는지에 따라 몸이 낫기도 하고 몸이 아프기도 합니다. 리더의 자극도 이렇게 정교해야 합니다. 흔히 문제 해결을 잘하려면 '핀포인팅(Pinpointing)'을 잘해야 한다고들 합니다. 핀포인팅은 어떤 상황에서 특정 지점을 정확하게 지정하거나, 특정 원인을 정교하게 찾아내는 것을 의미합니다. 리더의 언행이 무난할 때 조직도 순해집니다. 조직이 순해지면 성과도 착해집니다. 여기서 '착하다'는 성품이 온순하다는 의미가 아니라 성과가 기대 이상으로 나지 않는다는 뜻입니다.

리더가 적절한 자극을 주지 않으면 모든 조직은 저성과에 머무르게 됩니다. 조직 활동의 스펙트럼도 좁아집니다. 그래서 리더는 조직에 메기를 풀어놓는 것처럼 팀원들에게 긴장감을 조성해 성과를 촉진합니다. 저는 글로벌 기업의 리더들이 '올해는 문제가 없다.'라고 말하는 것을 한 번도 본 적이 없습니다. 매년 위기이고 매년 위기를 극복해야 한다고 말합니다. 그런데 매년 위기라고 하고, 매년 어렵다고 하고, 매년 긴장하라고만 하면 이제 팀원들은 리더의 말에 더 이상 자극받지 않습니다. 리더가 말하는 긴장과 위기가 막연하기 때문이지요. 정확히 침을 놓아야 할 부분을 그저 손바닥으로 문지르거나 손가락으로 꾹꾹 누르는 것과 다를 바 없습니다.

자극은 정제되어야 합니다. 정제됐다는 것은 불순물 없이 순수하다는 뜻입니다. 그만큼 자극은 날것이어야 하고 사심이 들어가면 안 됩니다. 자극은 탁하지 않아야 합니다. 자극은 정교하기도 해야 합니다. 정교하다는 것은 정확하고 치밀하다는 뜻입니다. 자극은 꼭 있어야 할 때, 자극을 주어야 할 대상을 향해 정밀 타격하듯 실행되어야 합니다.

자극을 주려면 리더는 준비를 많이 해야 합니다. 준비 없이 자극을 시도하는 리더는 그저 잔소리꾼일 뿐입니다. 그것은 리더 자신에게도 마찬가지입니다. '내가 이렇게 살면 안 되는데… 더 열심히 살아야 하는데…'라고 생각하지만 잘 변하지 않는 이유는 삶의 정확한 목적과 이유를 스스로에게 알려주지 못하기 때문입니다.

저는 인생이 자의 반 타의 반으로 굴러간다고 생각합니다. 운명이든, 팔자든, 타이밍이든, 타인의 영향력이든, 타의적 요소들은 쉽게 극복하기 어렵습니다. 저도 반은 '운명론자'라서 미리 정해진 운명을 믿는 편입니다. 하지만 나머지 반은 '개척론자'라서 제가 생각하는 방향대로 자유의지를 갖고 노력한다면 제 삶의 곡선이 바뀐다고 강하게 믿습니다. 자신의 운명을 더 좋게 바꿀 수 있다면 사람들은 무엇이든 하려고 할 것입니다. 그것을 위한 좋은 방법은 정확한 목표를 던져주어 자발적으로 움직이게 하는 것입니다. 자극을 줄 때는 아주 뾰족한 고드름 같은 이유를 던져주어야 합니다. 변화를 도모하지 않으면 앞으로 얼마나 나쁜 운명이 펼쳐질지 그림처럼 눈앞에 그려지도록 말이지요.

리더의 자극 성공 사례 1
정주영 회장과 이건희 회장

정주영 회장은 한국 경영사의 초거인입니다. 그렇다 보니 정주영 회장이 남긴 명언들도 자주 회자되곤 하는데요. 그중 가장 유명한 것은 "이봐, 해봤어?"라는 말입니다. 짧지만 듣는 사람으로 하여금 생각과 행동에 큰 자극을 주는 명언이지요. 조직 구성원들이 무언가를 불가능하다고 단정 짓거나, 중도에 포기하려 할 때면 그는 이 질문을 던졌다고 합니다. 실제 시도해 보기도 전에 미리 한계를 설정하지 말라는 그의 메시지는 조직 전체를 각성시키고 실천으로 이끄는 '정언명령'이었습니다.

한국 경영사의 초거인으로는 삼성그룹의 이건희 회장도 빼놓을 수 없습니다. 이건희 회장은 폭발적인 자극으로 삼성그룹의 운명을 바꾼 위인입니다. 그는 1993년 프랑크푸르트 신경영선언을 통해 삼성그룹을 소년에서 청년으로 만들었습니다. 영국 〈파이낸셜 타임즈〉가 '선지자

(Visionary)'라고 일컬었을 만큼 그는 시대를 앞서 보는 혜안이 있었고, 이것을 조직과 팀원에게 아주 효과적으로 전달한 뛰어난 메신저였습니다. 다음은 그가 프랑크푸르트에서 언급한 명언들입니다. 30여 년 전의 메시지들이지만 이렇게 쉽고 명확하게 조직에 자극을 주는 언어들이 또 있을까 싶습니다.

"내가 내 재산 늘리려고 이렇게 밤잠 안 자고 떠드는 것이 절대 아니다. 재산 10배 늘어봐야 나한테는 아무 의미가 없다. 내가 갖고 있는 재산의 이자의 이자의 이자만으로도 몇 대(代)는 살 수 있다. 분명히 말하지만 나 자신이 부귀영화를 누리자는 것이 아니다. 명예 때문이다. 성취감 때문이다. 성취감은 여러분, 삼성그룹, 우리나라가 잘되게 하는 것이다. 내 개인 양심을 지키고 책임을 다하고 싶다."

"나는 좋은 소리 들으면서 하고 싶은 게 많다. 삼성그룹 회장 자리가 물론 크고 중요한 자리이지만 내 성격, 스타일에는 반도 안 찬다. 15만 삼성인에게 평생직장을 주고 세계 초일류 기업, 일류 군(群)에 들어가겠다는 약속을 지키겠다는 책임감 때문에 하루 네 시간밖에 안 자면서 일하고 있다. 내 청춘과 재산과 목숨과 명성을 걸었다."

"일하는 것 자체는 두세 시간만 하고 나머지는 집에 가서 드러

누워 있어도 좋고 맘대로 생각하라. '생각'을 해보라 이거지. 마누라와 자식만 빼놓고 다 한번 바꿔보자. 다 한번 뒤엎어보자. '내가 회장 자리 한번 앉아 보자.'라는 생각을 얼마든지 하라."

"(전략) '나는 따스할 테니 너부터 추워라.' 하는 게 인간 심리다. 그래서 변화는 어렵고 힘들다. 몇 명은 바꿀 수 있다. 하지만 과장급 1만 명을 바꾸는 건 힘들다. 더더군다나 15만은 불가능하다. 나 혼자 힘 갖고는 어렵다. 한 사람이 개조시킬 수 있는 최대 인원은 18명이다. 그래서 소대가 18명 아닌가. 내가 18~20명 맡고 부사장과 전무가 또 각자 18명씩 맡고 이렇게 해보자."

그는 변화에 대한 쉬운 비유로 자생적인 자극의 방향성과 방법을 제시했습니다. 리더의 자극은 감정에 호소하는 동시에 이성적으로 설득할 때 가장 효과적입니다. 감정에도 호소하고 이성적으로 설득했을 때 자극은 조직과 팀원의 뇌리에 깊이 새겨집니다. 자극은 충동적이기도 하지만 동시에 전략적이기도 하기 때문입니다.

이건희 회장은 먼 이국땅에서 2,000여 명에 이르는 삼성 경영진에게 '질(質) 위주의 경영'을 강조했습니다. 이 회장은 프랑크푸르트 회의를 보름이 넘도록 이어갔습니다. 이후에도 68일간 유럽과 일본에서 임직원 1,800여 명과 350여 시간에 걸쳐 회의를 했다고 합니다. 이건희 회장의 이러한 강력한 자극은 삼성그룹 한 기업에 영향을 미치는 것에서 그치지 않고 한국 기업 전체에 큰 자극이 됐습니다. 이 자극은 한국 경제의 퀀텀 점프를 가속화시킨 역사적인 변곡점이었습니다.

리더의 자극 성공 사례 2
넷플릭스 CEO 리드 헤이스팅스

팀원과 조직은 물론이고 자기 자신을 끊임없이 자극해 성공을 이끌어 낸 리더의 사례로 넷플릭스의 CEO 리드 헤이스팅스(Reed Hastings)를 빼놓기 어렵습니다. 먼저 어떤 자극이 지금의 그를 있게 했는지 살펴보 겠습니다. 1960년 미국 보스턴에서 태어나 양질의 교육을 받은 그는 대학 졸업 후 아프리카에 가서 교육 봉사를 했습니다. '미국 속의 유럽'이라 불릴 만큼 전통과 보수성이 강한 보스턴을 떠나 아프리카에서 보낸 청년기의 봉사 경험은, 후일 그가 넷플릭스를 이끌며 보여줄 파격적인 개척정신의 씨앗이 되었습니다.

1991년 리드 헤이스팅스는 '퓨어 소프트웨어'라는 회사를 창업했고 1997년에 이를 매각한 자본을 바탕으로 넷플릭스를 창업했습니다. 그런데 이 획기적인 사업 전환의 배경에는 의외로 사소한 일상의 자극이 있었습니다.

어느 날 헤이스팅스는 비디오 대여점 '블록버스터'에서 빌린 영화 〈아폴로 31〉을 늦게 반납하는 바람에 연체료를 물어야 했습니다. 이 불편한 경험이 자극이 되어 넷플릭스라는 새로운 비즈니스를 구상하게 된 것이죠. 기존 대여점의 불편한 서비스가 고객 충성도를 떨어뜨린다는 점을 깨달은 것입니다.

헤이스팅스는 그 이후에 한 번 더 커다란 자극을 받습니다. 초창기 넷플릭스의 수익이 안 나오자 헤이스팅스는 자신이 경쟁자로 삼았던 블록버스터를 찾아가 넷플릭스를 5000만 달러에 인수해 달라고 요청합니다. 그러나 블록버스터로부터 냉정하게 거절을 당하고 말지요. 헤이스팅스는 이때부터 독기를 품고 넷플릭스를 본격적으로 경영했던 것은 아닐까 추측해 봅니다.

헤이스팅스가 놀라운 점은 기술의 발전에 편승해 스트리밍 서비스로 온라인 엔터테인먼트의 새로운 시장을 열었다는 사실입니다. 기술의 발전에 자극을 받아 전통적인 저장 매체인 DVD를 시장에서 몰아낸 것이지요. 이후 인터넷의 빠른 발전 덕분에 이제 소비자들은 번거롭게 비디오테이프를 빌리는 대신에 언제든지 자기 집 거실 소파에 편하게 앉아 스트리밍 서비스로 보고 싶은 영화를 마음대로 골라 볼 수 있게 됐습니다. 참고로 넷플릭스의 등장과 스트리밍 기술의 발전에 자극받지 못한 블록버스터는 2010년 파산했습니다.

넷플릭스는 여기에서 그치지 않았습니다. 넷플릭스는 〈하우스 오브 카드〉를 비롯해 오리지널 콘텐츠를 생산하며 콘텐츠의 유통과 생산을 병행하는 테크 엔터테인먼트 기업으로 크게 성장했습니다.

이번엔 헤이스팅스가 어떻게 조직을 자극했는지 살펴볼까요? 헤이스팅스는 조직을 '팀'이라고 부르고 경영을 스포츠에 비유할 정도로 지독한 승부사입니다. 그는 조직과 팀원을 자극하기 위해 역발상을 했습니다. 헤이스팅스는 자극을 최소화하되 그 자극이 강력해 팀원들이 민감하게 반응할 수밖에 없는 조직문화를 만들었습니다. 가령 넷플릭스의 인사 정책은 '천천히 채용하고 빨리 해고하라(Hire slow, fire fast).'입니다. 최적의 인재를 뽑기 위해 채용은 신중하고 천천히 하되, 채용된 직원들의 실적이 부진하면 퇴직금을 더 줘서라도 빠르게 해고하는 것입니다. 재직 중인 팀원들의 업무 원칙도 '회사에 가장 도움이 되는 방향으로 행동하라(Act in Netflix's best interests).'였습니다. 이 유연하면서도 강력한 원칙 아래 넷플릭스는 최대한의 자유를 허락했지만 결정적인 순간에 팀원들의 선택이 조직에 최선의 이익을 가져다주었는지를 기준으로 따져 신상필벌을 엄격히 했습니다.

헤이스팅스는 저서 《규칙 없음》에서 자극에 대해 다음과 같이 말했습니다. '360도 서면 평가 시간은 한 해 중에서도 특별한 자극을 받고 의욕을 불러 태울 수 있는 기회인 것 같습니다. 평가를 받고 보니 나를 성장시켜 주는 가장 좋은 코멘트가 안타깝게도 가장 듣기 괴로운 코멘트더군요. 360도의 정신을 살려 용감하고 솔직하게 지적해 준 여러분께 감사드립니다.' 헤이스팅스는 부정적인 피드백을 자극으로 기꺼이 수용하고 조직과 팀원들도 이것을 수용하도록 솔선수범했습니다.

그에게 자극은 학습이기도 했습니다. 그는 처음 창업했던 회사인 퓨어 소프트웨어에서 관료주의의 폐해를 목격했고, 그 부작용을 반복하지 않기 위해 넷플릭스에는 가혹할 정도로 솔직하고 파격적인 피드백 문화를 도입한 것입니다. 그리고 이 '360도 피드백'은 조직과 팀원들에게 주는 강력한 자극이자 넷플릭스 조직문화의 코어가 되었습니다.

리더의 자극 성공 사례 3

디즈니 CEO 로버트 앨런 아이거

리더 중에는 존재감만으로도 팀원, 조직, 시장에 자극이 되는 인물도 있습니다. 월트디즈니컴퍼니(Walt Disney Co.)의 로버트 앨런 아이거(Robert Allen Iger)가 그렇습니다.

아이거는 창업을 한 리더는 아닙니다. 피인수회사의 리더에서 인수회사의 리더가 된 경우로, 이는 드문 케이스입니다. 그는 1973년 미국 지상파 방송국 ABC TV 스튜디오에 말단 직원으로 입사하여 ABC스포츠 등에서 활약하며 승진을 거듭해 41세에 ABC사장이 됐습니다. 1996년 ABC가 디즈니에 합병되자 ABC그룹의 회장이 됐고 1999년에는 월트디즈니인터내셔널 사장에 취임합니다. 2005년부터 약 15년 동안 아이거는 디즈니의 리더로서 픽사스튜디오, 루카스필름, 20세기폭스 등을 인수하며 디즈니를 리조트 놀이공원에서 콘텐츠 보물 창고로 탈바꿈시켰습니다.

아이거는 저서 《디즈니만이 하는 것》에서 리더십의 열 가지 대원칙을 소개했습니다. 낙관주의, 용기, 명확한 초점, 결단력, 호기심, 공정성, 사려 깊음, 진정성, 완벽주의, 고결함이 그것입니다. 아이거는 이와 같은 덕목들을 바탕으로 자신의 집념을 묵직하게 실천했고 팀원들의 회의론에 동화되지 않았습니다. 또한 그는 달성할 수 있는 것에 대한 실용적인 열정을 '낙관주의'라고 칭하며 비관론에 굴복하지 않는다는 원칙을 강조했습니다. 리더가 어떤 메시지를 강조하면 그것은 조직의 원칙이 되고, 그

원칙은 조직과 팀원에게 지속적인 자극이 됩니다.

리더의 자극이라고 하면 보통 '스트롱 리더십(Strong Leadership)'만을 생각하지만, '부드러운 방아쇠(Soft Trigger)'도 중요한 자극이 될 수 있습니다. 아이거는 디즈니라는 조직이 가져야 하는 DNA, 즉 행복과 즐거움을 늘 유지하려 했습니다. 조직 내 갈등과 혐오를 막기 위해 배려심과 진정성을 다하며 고된 역할도 마다하지 않았습니다. 가령 아이거는 해고 통보와 같은 불편한 역할을 남에게 맡기지 않고 자신이 직접 했습니다. 또한 모든 내용을 아주 솔직하게 말했습니다. 해고 통보를 하는 자리에서 그는 절대 한가로운 잡담을 하지 않았습니다. 오히려 직접적이고 명확하게 해고의 사유를 전달했습니다. 그는 구성원의 해고가 어렵게 내린 결정이었음을 말해 주었고, 팀원이 겪게 될 어려움에 공감해 주었습니다. 궁극적으로 아이거는 자신이 부드러운 방아쇠가 되어 디즈니가 가져야 할 핵심 역량인 팀원들의 호기심과 창의력이 수그러들지 않도록 조직문화를 지켰습니다.

아이거는 2020년 퇴임했다가 2022년에 다시 디즈니의 리더로 복귀합니다. 시장과 고객은 아이거의 복귀를 대대적으로 환영했고 아이거라는 인물의 복귀는 모두로 하여금 디즈니의 회복을 기대하게 만들었습니다. 아이거가 복귀할 당시 디즈니는 코로나 팬데믹으로 인해 사람들이 극장과 테마파크에 가지 않는 상황 때문에 어려움에 처해 있었습니다. OTT 플랫폼들에 밀려 시장에서 열세를 보이고 있었지요. 무엇보다 디즈니가 '정치적 올바름(PC, Political Correctness)'에 너무 깊이 매몰되었다는 강력한 비판에 휩싸였습니다. 정치적 올바름이란 인종, 성별, 민족,

연령 등에 차별을 두지 않으려는 신념을 의미하며 이에 대해서는 미국 내에서조차 찬반론이 팽팽히 대립 중입니다. 엔터테인먼트 비즈니스를 하는 디즈니로서는 정치적 올바름 이슈에 매우 신중하게 접근해야 했는데, 아이거의 전임자였던 밥 체이펙(Bob Chapek)은 재임할 당시 〈인어공주〉의 주인공으로 흑인을 캐스팅하고, 디즈니가 소재한 플로리다주의 주지사와 정치적 논쟁을 벌이는 등 편향된 입장을 보여 대중들에게 큰 비판을 받았습니다.(물론 저는 개인적으로 ESG를 연구하고 강의하는 학자로서 다양성을 존중하고자 했던 밥 체이펙의 취지에는 동의합니다. 이에 대해서는 오해가 없으시길 바랍니다.)

아이거는 복귀 후 또렷한 메시지를 통해 조직과 팀원에 큰 자극을 주었습니다. 그는 디즈니는 수익이 최우선이라는 메시지를 내놓았고, 이를 증명하기 위해 수차례에 달하는 비수익 부문에 대한 인사 조치 등을 단행했습니다. 이 글을 쓰는 현재 디즈니는 주가도 회복 중이고 제작한 영화들도 좋은 실적을 보이고 있습니다. 2024년에 만료될 예정이었던 그의 임기도 2026년까지 연장됐습니다.

이처럼 어떤 리더는 그 존재감만으로 큰 자극으로 작용합니다. 그러기 위해서는 리더가 쌓아 놓았던 일정한 맥락이 뒷받침되어야 합니다. 일회적인 캠페인성 언사와 행동만으로는 조직의 속근육까지 깊은 자극을 줄 수 없습니다. 리더의 과거 커리어는 이렇게 한 조직의 미래에 믿음직한 '자극 자산'으로 활용될 수 있습니다.

2

도전

도전하지 않는 리더는 살아남지 못한다

전쟁터의 전사처럼 승리를 향해 가라

조직은 사망하지 않는 것을 전제로 태어납니다. 사라지기 위해 태어나는 조직은 없습니다. 기업은 영속적인 존재여야 합니다. 그러기 위해서는 조직이든 기업이든 매 순간 버텨야 합니다. 버틴다는 것은 그저 서 있는 게 아닙니다. 제대로 서 있으려면 이겨내야 합니다. 나무가 비바람에도 버티고 부러지지 않는 것은 뿌리부터 잔가지까지 바람과 싸워 이겨냈기 때문입니다. 그렇다면 가장 좋은 버티기 방법은 무엇일까요? 먼저 싸움을 걸어 이기는 것입니다. 도전은 싸움을 거는 것입니다.

도전은 응전(應戰)과 조금 다릅니다. 응전은 상대방의 싸움에 맞대응하는 정도이지만 도전은 싸움을 북돋우는 것, 즉 싸움을 걸고 그 싸움에서 물러나지 않는다는 의미입니다. 리더에게 도전은 피할 수 없는 숙명입니다. 조직을 운영하고 경영한다는 것은 매일 전쟁을 치르는 것과 유사합니다. 총칼만 안 들었을 뿐이지 모든 조직은 매일 전투를 치릅니다. 흔히 '도전 정신을 가져라.'라고 하는데, 이것으로는 부족합니다. 도전은 정신만 가지고는 안 됩니다. 실제로 도전해야 합니다.

도전은 시도(試圖)가 아닙니다. 시도는 한자 뜻 그대로 '시험 삼아 그려 보는 그림'입니다. 하지만 총알이 빗발치는 전쟁터에서는 시도란 없습니다. 그저 실전의 연속일 뿐이지요. 도전은 한가하게 시험 삼아 해보는 것이 아닙니다. 절박하게 행동해서 이기는 것을 목적으로 합니다.

리더는 조직에 다가오는 위기를 조직과 팀원보다 먼저 감지합니다. 또한 제일선(第一線)에서 적을 직면하기 때문에 두려움과 고통도 가장 먼저 경험합니다. 하지만 리더는 두려움을 이겨내고 기어코 승리해야 합니다. 제가 도전을 계속해서 '싸움'과 동격으로 말하는 이유는 '도전'이라는 단어의 힘이 어느새 약해진 듯해서 그렇습니다.

제가 어렸을 때는 권투가 인기 스포츠였습니다. 세계 챔피언에 도전하겠다고 하면 그 도전자는 정말 죽기 살기로 싸웠습니다. 그 정도는 되어야 챔피언에 도전했다고 말할 수 있지요. 이처럼 도전은 절박하고 악착같아야 합니다.

리더의 도전 원칙 1
승리할 때까지 싸운다

리더가 싸워서 승리하려면 다음의 원칙들을 정확히 알아야 합니다. 무엇보다 승리할 때까지 싸워야 합니다. 미국의 리더십 전문가 사이먼 시넥(Simon Sinek)은 미국이 베트남전쟁을 치르는 동안 각개 전투에서는 승리했지만 전쟁에서는 결국 패배한 이유를 다음처럼 설명했습니다. "미국은 '유한 게임(Finite Game)'을 했고, 베트남은 '무한 게임(Infinite Game)'을 했다." 그의 저서 《무한 게임(The Infinite Game)》에 따르면 유한 게임과 무한 게임은 크게 세 가지 측면에서 다릅니다. 우선 유한 게임은 명확한 목표가 있으며 목표를 달성하는 것이 게임의 목적입니다. 마치 스포츠 경기처럼 말입니다. 참여자도 고정되어 있고 규칙도 약속되어 있습니다. 게임의 시작과 끝도 명확합니다. 유한 게임은 끝이 있는 게임이기에 단기적인 목표 달성이 우선이며, 다만 이를 위해 규칙을 지키며 최선을 다할 뿐입니다. 반면에 무한 게임의 목표는 그저 게임을 계속하는 것입니다. 끝없이 게임이 이어지기에 특별한 시작이나 끝이 없습니다. 무한 게임은 게임이 계속되는 것을 전제로 한 게임입니다. 무한 게임에는 고정된 규칙이나 참가자가 없습니다. 누구든 들어오고 나갈 수 있습니다. 무한 게임은 끝이 없는 게임이기에 장기적인 관점에서 게임을 해야 하며 팀을 이끄는 리더는 지속 가능한 리더십을 발휘해야 합니다.

베트남전쟁 당시 미국은 전쟁을 끝내기 위해 싸웠습니다. 유한 게임의 참여자로 전쟁에 임했던 것이지요. 반면에 베트남은 이겨서 살아남으려고 싸웠습니다. 즉, 이길 때까지 전쟁이 끝나지 않는다는 자세로 임했던 것입니다. 당연히 승리는 살아남으려고 버티고 싸우는 자의 몫입니다. '이길 때까지 싸운다.'는 모든 리더에게 적용되는 아주 중요한 게임의 규칙입니다.

리더의 도전 원칙 2
싸우는 방법을 알아야 한다

그다음으로 리더는 싸우는 방법을 알아야 합니다. 준비 없이 싸우면 백전백패입니다. 저는 대기업의 사내 변호사로 일하는 동안 국제 협상을 많이 했습니다. 그때마다 협상에 이기는 사람은 철저하게 준비하고 쉬이 흥분하지 않으며 자신의 에너지를 적절히 사용해서 싸우는 사람이었습니다. 반면 협상에 지는 사람은 대체로 준비도 부족하고 감정만 앞세우며 에너지를 과다하게 사용하기 일쑤였습니다. 리더는 준비도 되지 않은 상태에서 '즉전(即戰)'해선 안 됩니다. 즉전은 훈련을 받지 않고 즉시 전투에 나서는 것을 말합니다. 즉전은 패배할 확률이 높습니다.

싸우는 방법을 잘못 알고 있어도 패배입니다. 아무리 뛰어난 실력을 가졌더라도 잘못된 싸움 방식을 택하면 승리할 수 없죠. 손으로 공을 잘 다루는 운동선수는 핸드볼을 해야지 축구를 하면 안 됩니다. 싸우는 방법은 대개 정해진 규칙을 따릅니다. 그런데 전략이 고정되어 있지 않을 때는 싸우는 방법도 유연하게 바뀌어야 합니다. 여기서 불규칙이란 위법과 불법을 말하는 것은 아닙니다. '할 수 있는 방법을 다 동원해서 싸우는 것'이 싸움의 규칙이 되기도 합니다. 도전은 이기기 위해 하는 것입니다. 올림픽에 출전했으나 메달을 얻지 못한 선수가 인터뷰에 '과정도 소중하고 도전을 통해 배운 것이 많다.'라고 하는 말 속에는 '그렇게 배운 것을 토대로 다음엔 꼭 메달을 따겠다.'는 의미가 담겨 있습니다.

어떤 싸움이든 때와 장소에 맞는 방법을 잘 써야 합니다. 오늘날의 기업들로 한정해 이야기하자면, 이제는 기술과 힘을 합쳐 싸울 때입니다. 세상은 우리들의 상상보다 훨씬 빠르게 변하고 있습니다. 이렇게 기술을 강조하는 이유는 법학석사 학위 두 개와 경영학 석사 학위 한 개, 경영학 박사 학위 한 개를 가진 완전 문과생인 저조차도 기술이 무기가 되는 시대임을 현장에서 실감하고 있기 때문입니다.

저는 로펌에서 일하고 있습니다. 그런데 최근에는 변호사들 사이에 '리걸 테크(Legal Tech)'라고 해서 인공지능 변호사가 도입되고 있습니다. 인공지능 변호사 사용료는 실무 변호사(Associate) 한 명의 인건비보다 훨씬 저렴한데 실력은 그에 버금가니 앞으로 인공지능 변호사를 보조 변호사로 쓰는 시대가 올 것이라는 전망은 업계의 공공연한 비밀입니다. 당연히 앞으로는 인공지능 변호사 등을 적절히 사용해 수임료도 적게 받으면서 좋은 승률을 거두는 변호사들만이 살아남을 것입니다.

대표적인 전문직 중 하나인 의사도 상황이 다르지 않습니다. 가령 성형외과 의사들의 경우 의사의 출신 학교나 실력보다 중요하게 평가되는 부분이 보유 장비가 얼마나 최신식이냐는 것이라고 합니다. 발전하는 성형 수술 및 시술 기술을 탑재한 장비를 많이 보유한 곳일수록 손님이 많은 것은 당연한 결과입니다.

몽골제국의 건국자인 칭기즈칸은 글을 읽지도 쓰지도 못했으나 천하를 호령하고 중원을 지배했습니다. 그의 부대가 지나간 자리에는 풀 한 포기도 남지 않을 만큼 칭기즈칸은 적군을 전멸시키기로 유명했습니다. 하지만 그에게는 적군을 섬멸할 때 한 가지 원칙이 있었습니다. 바로 '기술자는 죽이지 마라.'라는 원칙이었습니다. 칭기즈칸은 무기 제조 기술자, 의사, 천문학자, 통역사, 대장장이, 목수, 가수, 요리사, 광부, 염색전문가 등 특별한 기술을 가진 사람들은 절대 죽이지 않았습니다. 대신 그들은 몽골 제국의 일원으로 받아들여 그들의 도움을 받아 매 전투마다 다른 방법으로 싸웠습니다. 가령 대포 기술자를 포획하면 다음 전투에서는 대포를 사용해 승리를 거두는 식이었습니다《하루 15분 리더를 위한 인문학 수업》(임성훈 지음) 참조]. 이처럼 기술은 이미 600여 년 전부터 전투를 승리로 이끄는 중요한 무기였습니다.

현재 가장 화제를 모으고 있는 혁신적인 기술은 AI일 것입니다. 이제 AI는 그저 학습 대상이 아닌, 적극적으로 사무에 활용하여 비용을 절감하고 수익을 극대화할 사업 기회 그 자체가 되었습니다. 많은 기업들이 이미 정보 보안을 위해 자체 AI를 개발하여 사내용으로 활용하고 있습니다. 또한 회사의 일상적인 잡무는 AI 에이전트가 처리하여 직원들이 인간만이 할 수 있는 , 즉 휴먼웨어가 필요한 더 중요한 일에 집중할 수 있게 되었습니다. 삼성의 가우스, LG의 챗엑사원, SK의 에이닷비즈가 이러한 AI 신입사원들의 대표적인 예입니다.

서부영화에 등장하는 전설적 인물 '매그니피센트 7'처럼, 테크 업계에도 '테크 매그니피센트 7(M7)'이 있습니다. 애플, 마이크로소프트, 구글, 아마존, 메타, 테슬라, 엔비디아가 그들입니다. 이들은 각자의 영역에서 압도적인 경쟁력을 보유하고 있으며, AI, 클라우드 컴퓨팅, 전자상거래, 우주산업 등에서 독보적인 위치를 차지하고 있습니다.

2024년 12월 기준, 세계 부자 순위 1~4위도 모두 테크기업 리더들입니다. 1위는 일론 머스크로 재산 4,470억 달러이며 그 뒤를 제프 베조스(2,490억 달러), 마크 저커버그(2,240억 달러) 래리 엘리슨(980억 달러)이 잇고 있습니다.

이들은 서로 협력하며 오픈 이노베이션을 통해 엄청난 수익과 테크 리더십을 누리고 있습니다. 또한 전통 산업과의 결합을 통해 영역을 확장하고 있습니다. 예를 들어, 자율주행 자동차에는 안드로이드 운영체제, AI, 전자 지도가 필요하므로 전통 산업도 테크 기업들과의 협업 없이는 생존이 어려워졌습니다.

디지털 혁명의 중심에는 AI가 있습니다. 앞으로 리더들이 두려울 만큼 놀라운 능력을 가진 AI를 어떻게 활용하느냐에 따라 조직의 성과 격차가 크게 벌어질 것입니다. AI가 헬스케어, 로봇, 모바일 등 모든 산업에 접목되어 혁신적인 발전을 이끌 것이기 때문입니다.

'물이 들어올 때 노를 저어라.'라는 말이 있지만, 더 중요한 것은 배가 물이 들어올 곳에 위치해 있어야 한다는 점입니다. AI는 바로 물 들어올 곳, 즉 기회가 있는 곳을 알려줍니다. 리더들은 AI를 학습하고, 결합하고, 수익화하여 모든 업무와 기회의 길목에 적극 활용해야 합니다.

리더의 도전 원칙 3
승리를 제대로 정의하라

리더가 도전에서 이기려면 승리를 제대로 정의해야 합니다. 즉, 왜 싸워야 하는지 확실히 알고 있어야 합니다. 쉽게 말해 싸움의 목적과 목표를 확실하게 세워야 한다는 말입니다. 목적과 목표는 혼동하기 쉬운데, 목적은 왜(Why), 목표는 어디에 도달할 것인가(Where)라고 생각하면 구분이 쉽습니다. 목적과 목표가 무엇인지 정확히 알면 매번 규칙이 바뀌고 싸움의 방법이 달라져도 능히 이길 수 있습니다.

저는 정확한 목적과 목표 설정에 대한 이야기를 할 때 일본 야구선수 오타니 쇼헤이(大谷翔平)를 꼭 언급합니다. 미국 메이저리그까지 진출해 시즌 우승까지 거머쥔 그는 타자와 투수로서 어느 것 하나 부족함 없이 일류의 성취를 보여주고 있는 세계적인 선수입니다. 오타니 쇼헤이가 야구선수로서 놀라운 성과를 올릴 수 있었던 비결 중 하나는 그만의 만다라트(Mandal-Art) 활용에 있습니다. 만다라트는 그 이름 자체가 '목표를 달성하는 기술'이라는 뜻을 가진 단어로 일본의 디자이너 이마이즈미 히로아키(今泉浩晃)가 개발한 사고 도구입니다. 이는 기하학적 그림 위에 자신의 목표와 행동 지침 등을 적은 것으로 많은 일본인이 자기계발 도구로 활용하고 있습니다.

쇼헤이는 고등학교 1학년이던 2010년부터 만다라트에 자신의 목표와 목표를 이루기 위한 방법을 쓰기 시작했다고 합니다. 그의 만다라트를 보면 최종의 목표 한 가지를 위해 해야 할 행동의 범주를 총 8개로 나누고, 그 8개 각각에 다시 또 8개의 세부 행동 지침을 만들어 총 64개의 행동 지침을 실천했습니다.

그가 설정한 가장 커다란 목표는 '일본 8구단의 드래프트 1순위가 되는 것'이었습니다. 이 목표를 이루기 위해 그는 여덟 가지 행동 범주를 설정했습니다. '몸 만들기, 제구, 구위, 멘탈, 구속 160km/h, 인간성, 운, 변화구'가 그것입니다. 하나의 목표를 이루기 위해 쇼헤이가 만든 도전의 방법, 특히 자신과 싸우는 방식을 보면 그 세세함에 놀라게 됩니다. 그가 '이도류(二刀流)'로 불리며 투수와 타자 양면에서 전례 없는 기록을 세울 수 있었던 것은 결코 우연이 아니었던 것입니다. 저는 그중에서도 '멘탈'을 지키기 위한 행동 지침에 포함된 '뚜렷한 목표-목적'이 눈에 띄었습니다. 그가 성공할 수 있었던 이유는 자신의 목적과 목표를 또렷하게 알고, 기꺼이 도전하고 싸워서 이기는 방법을 실천했기 때문입니다. 그 결과 자신이 세운 목적과 목표를 이루었으니 쇼헤이는 자신이 정한 게임에서 승리했다고 볼 수 있습니다.

리더의 도전에 필요한 것들

그런데 리더의 도전에는 몇 가지 자질들이 따라줘야 합니다. 우선 리더는 자신감과 카리스마가 있어야 합니다. 여기서 자신감은 내가 나를 믿는 마음입니다. 한편 카리스마(Charisma)는 남들로 하여금 나를 믿고 따르게 만드는 힘입니다. 카리스마는 '재능' 또는 '신의 축복'을 의미하는 그리스어 'Kharisma'에서 유래한 단어로 다른 사람을 매료시키고 영향력을 끼치는 능력을 가리킵니다. 카리스마가 있는 리더는 다른 사람을 변화시키기가 수월합니다. 자신감이 넘쳐서 그것이 바깥으로 표출되어 다른 사람들의 마음에도 이식되는 순간, 사람들은 변합니다.

그런데 카리스마는 무한히 나오는 것이 아닙니다. 자신감도 매번 꽉 차 있지는 못합니다. 제가 리더로 일하면서 어려웠던 점은 자신감과 카리스마를 유지하는 것이었습니다. 일을 이끌다 보면 실패는 필연적이고 그럴 때마다 자신감에 빈틈이 생기기 마련이니까요. 그때마다 제게 힘을 준 것은 새로운 사람들을 만나는 것이었습니다. 도전하려는 분야의 전문가들을 따로 만나 치열하게 공부했고 그들로부터 한껏 격려를 받았습니다. 그리고 이 모든 노력을 조직과 팀원이 모르게 진행했습니다. 리더에게 솔직함은 큰 자산이지만 그렇다고 해서 있는 그대로를 모두 내보일 필요는 없습니다. 조직과 팀원에게 믿음을 주어야 하니 항상 '있어 보여야 하는' 압박도 있는 자리이기 때문입니다.

한편 리더의 도전을 위해서는 이전의 성과가 꼭 필요합니다. 도전은 스스로를 믿고 남들도 자신을 믿어줄 때 탄력을 받습니다. 리더가 스스로를 믿지 못하거나 조직이나 팀원이 리더를 믿지 못하면 도전에 커다란 장애물이 있는 셈입니다. 조직과 팀원에게 믿음을 주려면 무엇보다 실질적인 성과가 있어야 합니다. 이렇다 할 성공 경험이 없다고 하더라도 적어도 해당 분야에 대한 경험치는 있어야 합니다.

저도 사내 변호사로 일하면서 외부 변호사를 선정해야 할 때 후보자들의 성과와 경험을 많이 따졌습니다. 저 역시 조직 안에서도 보임이 되고, 선택을 받을 때 그간 올린 성과와 경험을 토대로 평가받았습니다. 연말에 그해에 올린 실적들을 정리하다 보면 어떤 해는 써넣을 게 많지 않아 빈약하기도 했고, 어떤 해는 칸이 부족할 정도로 성과가 넘칠 때도 있었습니다. 그리고 후자일 때는 그 다음 해에 더 큰 직위와 임무가 주어졌습니다.

어제의 성과는 내일로 가는 계단입니다. 리더는 자신이 쌓은 성과를 딛고 도약하며 다음 성과를 향해 가야 합니다. 이 성과의 연속이 리더에게 새로운 과제에 도전할 투지를 심어 줍니다. 조직이나 팀원도 리더가 올린 성과가 있어야 믿어 주고 밀어줍니다. 즉, 도전이 성과를 만들고 성과가 다시 더 큰 도전을 만드는 '도전 루프(Chanllege Loop)'가 생기는 것이지요.

저 역시 1인 기업가로서 작은 성과가 그다음 성과를 만들어 주는 과정을 밟으며 지금의 자리까지 오게 되었습니다. 50대에 퇴직하기 전까지는 조직의 일원으로 월급쟁이 생활만 하다가 이후 1인 기업가로서 살길을 모색하려다 보니 모든 것이 제게 도전이었고 맨땅에 헤딩하는 꼴이었는데요. 제 커리어에서 아주 중요했던 두 가지 장면을 말해 보고 싶습니다. 하나는 방송 출연을 하게 된 계기입니다. 저는 2019년도 상반기에 잠시나마 TV 방송에 출연한 적이 있습니다. 어느 날 지인으로부터 SBSCNBC에서 일하는 한 PD님의 연락처를 받게 됐습니다. 이윽고 약속을 잡아 만날 수 있었고, "블루베리라는 프로그램에 꼭 출연해 보고 싶습니다."라고 이야기를 했습니다. 미팅 전 SBSCNBC의 편성표를 모두 보고 갔는데 '블루베리'라는 프로그램이 제게 딱 맞아 보였기 때문입니다. 이후 그분이 담당 PD님을 소개해 주셨지만 큰 소득은 없었습니다. 이미 해당 프로그램의 패널이 확정된 상태였기 때문입니다. 차 한 잔 마시고, 방송국 구경을 한 것 외에는 아무런 소득이 없었던 초라한 오후였습니다.

기회는 1년 뒤에 찾아왔습니다. 어느 날 그때 뵈었던 담당 PD님에게서 연락이 왔습니다. 마침 패널 한 분이 해외 출장을 가서서 이번 회에 불참하니 대타로 한번 나와보지 않으시겠냐는 겁니다. 저는 1초도 주저하지 않고 바로 승낙한 후 방송 준비에 돌입했습니다. 다시 되돌아봐도 정말 열심히 준비했던 기억이 납니다.

제게 온 기회에 주저함 없이 도전한 덕분이었을까요? 6개월 후에는 고정 패널로 출연할 것을 제안받게 됐고, 그 뒤로 두 시즌 동안 고정 패널로 방송에 출연할 수 있었습니다. 후에 제게 왜 고정 패널 출연을 제안하셨는지 물어보니 대타로 나온 패널 중 제가 나왔을 때가 가장 시청률이 좋았답니다. 제 미약한 도전이 작은 성공을 거두었고, 그것을 발판으로 새로운 도전의 장이 열린 것이지요.

'SERI CEO' 강연에 데뷔했던 것도 제게는 정말 커다란 커리어입니다. 'SERI'는 삼성경제연구소에서 운영하는 리더 대상 강의 플랫폼입니다. 하이 레벨의 강사로 인정받으려면 몇 가지 조건들이 있습니다. 대기업에 고액으로 특강 제의를 받는 것, 자기 이름의 책을 출간하는 것, 유튜브에서 높은 조회수 기록하는 것, TV에 출연하는 것, 그리고 SERI CEO에서 시리즈로 강의를 찍는 것 등이 그것입니다. 저는 앞의 것들은 두루 충족해 강사로서는 나름대로 그랜드 슬램을 달성했다고 자부합니다만 유독 SERI CEO 강연은 진입장벽이 높았습니다. 이것은 비단 저뿐만이 아니라 많은 강사들이 이야기하는 부분입니다. SERI CEO에서 자신의 이름을 내건 강의를 론칭하려면 강사 자신의 커리어는 물론이고 강연 주제의 시장성 등을 평가받아 좋은 점수를 얻어야 합니다.

운이 좋게도 저는 SERI CEO를 운영하는 회사의 직원분과 연이 닿게 되어 강의 영상을 기획 및 제작하는 PD님을 만날 수 있었습니다. 어렵게 성사된 미팅을 의미 있는 결과로 이끌어가기 위해 저는 수많은 스크랩북은 물론이고 신규 기획안을 준비해 가져가 열심히 설명했습니다. 그분은 강사 중에 이렇게까지 자료를 많이 들고 와서 설명하는 분은 처음 봤다고 이야기하더군요. 이후 약간의 시간이 걸리긴 했지만 저의 기획안은 내부 품의를 통과하여 '평판으로 소통하라'는 주제로 10회차 이상의 강연을 론칭할 수 있었습니다. 어떤 회는 조회수 1위를 달성하기도 했습니다. 저는 카메라 앞에서 강의를 하는 것에는 자신이 있었고, '평판'이라는 주제가 당시로서는 신선했기에 SERI CEO에 데뷔할 수 있을 것이라 믿었습니다.

후에 강의에서 이야기한 내용들을 모아 《부를 부르는 평판(Reputation Economy)》이라는 책도 출간했습니다. 또한 '세계지식포럼'에 평판 세션의 좌장으로도 참여했으니 한 번의 도전으로 두 가지 성과를 더 이룬 셈입니다. 이 일련의 도전들은 제게 큰 성과 기록으로 남게 됐고 지금도 자산으로 활용되고 있습니다.

리더의 도전 성공 사례 1

스타벅스 CEO 하워드 슐츠

기업의 흥망사를 살펴보다 보면 도전을 통해 자신이 몸담은 조직을 회생시킨 리더들의 사례를 쉽게 발견할 수 있습니다. 그중 스타벅스의 CEO 하워드 슐츠(Howard Schultz)의 이야기는 언제 들어도 가슴이 뜁니다. 스타벅스는 이제 그 어떤 수식이 필요 없을 정도로 유명한 기업입니다. 저는 스타벅스를 단순한 카페 프랜차이즈라고 보지 않습니다. 스타벅스는 이미 많은 사람들에게 '삶의 일부가 된 장소(Place)'입니다. 제가 스타벅스를 '카페'가 아니라 '플레이스'라고 부르는 이유는 스타벅스가 더 이상 커피만 파는 곳이 아니기 때문입니다.

슐츠가 1987년 스타벅스를 인수하기 전까지 스타벅스는 좋은 품질의 원두커피를 판매하는 소규모 매장에 불과했습니다. 슐츠도 스타벅스의 직원은 아니었고, 스타벅스 매장을 관리하는 회사의 영업 담당자였습니다. 그는 영업 담당자로 스타벅스 매장을 방문했을 때 커피의 매력을 깊이 인식하고 그 가능성에 매료되어 1982년 스타벅스의 마케팅 담당 이사로 합류합니다. 이후 그는 이탈리아의 밀라노와 베로나를 방문해 그곳의 에스프레소바들을 보며 커피가 단지 마시는 음료를 넘어서서 사회적으로 교류를 하는 매개로 기능하는 것을 목격합니다.

커피에서 새로운 비즈니스의 비전을 발견한 그는 스타벅스의 첫 번째 에스프레소 바를 시애틀에 세우고자 했으나 기존 창립자들과 의견 충돌이 있었습니다. 결국 그는 우여곡절 끝에 스타벅스를 인수하고 자신이 세운 비전에 따라 스타벅스를 혁신합니다. 그리고 그가 세웠던 비전처럼 이제 전 세계에서 스타벅스 매장은 가정과 직장에 이은 '제3의 장소'로 확실히 자리매김했습니다.

리더의 도전 성공 사례 2
치폴레 멕시칸 그릴 CEO 브라이언 니콜

최근 스타벅스는 실적 부진과 주가 하락으로 어려움을 겪고 있는 중인데 이를 타계하기 위해 새로운 리더를 영입했습니다. 미국의 패스트푸드 기업인 치폴레 멕시칸 그릴(Chipotle Mexican Grill)의 브라이언 니콜(Brian Niccol)이 바로 그 주인공입니다. 그 역시 도전하는 리더의 사례로 부족함이 없습니다. 니콜이 치폴레 멕시칸 그릴이 CEO로 취임할 당시, 이 기업은 잦은 식중독 사고로 어려움을 겪고 있었습니다. CEO 취임 후 니콜의 목적과 목표는 명확했습니다. 그가 세운 목적은 바닥에 떨어진 고객의 신뢰를 회복하는 것이었고, 목표는 치폴레 멕시칸 그릴이 소비자들에게 안전한 식당으로 인식되는 것이었습니다.

　그는 이를 위해 이후 과감한 조치를 단행합니다. 가령 미국 매사추세츠 주에 소재한 치폴레 멕시칸 그릴 매장에서 일하던 네 명의 근로자가 노로바이러스 검사에서 양성 반응을 보이자 해당 매장을 이틀간 폐쇄하고 모든 음식을 폐기했습니다. 이후 니콜은 2100만 개의 무료 부리토를 제공한다는 DM을 고객들에게 보냅니다. 더불어서 치폴레 멕시칸 그릴은 책임감을 가지고 사육한 육류와 유기농 농산물로만 만든다는 사실, 항생제와 호르몬, GMO가 없는 건강하고 고품질의 음식을 제공한다는 사실을 적극적으로 홍보했습니다. 또한 호일 뒤에 숨겨진 것들을 뜻하는 'Behind the Foil'이라는 캠페인을 내세운 다큐멘터리를 만들어 고객들이 치폴레 멕시칸 그릴의 주방을 투명하게 들여다볼 수 있게 했습니다.

니콜은 치폴레 멕시칸 그릴이 지향하는 투명성에 대한 의지를 더욱 강조하기 위해 타임스 스퀘어 광고판에 51가지 식재료를 모두 노출한 광고도 집행했습니다. 그 결과, 그가 재임 중이던 기간 동안 치폴레 멕시칸 그릴의 이익은 기존의 7배, 주가는 약 800퍼센트 올랐습니다. 그는 치폴레 멕시칸 그릴을 시가총액 100조 원 규모의 기업으로 성장시켜 '100조 원의 사나이'라고도 불립니다.

그는 목적과 목표를 또렷이 세우고 위기에 빠진 조직을 자신의 뛰어난 개인기를 통해 극복한 도전적인 리더입니다. 또한 ESG, 디지털, 동물복지, 건강 등 요즘 소비자들이 원하는 바가 무엇인지를 제대로 파악해 전략적인 '싸움의 기술'을 시도함으로써 성공한 리더입니다. 현재 위기에 빠진 스타벅스를 그가 또 어떤 방식으로 구해 낼지 자못 기대됩니다.

리더의 도전 성공 사례 3
다이슨 CEO 제임스 다이슨

오늘날 테크 리더 중 도전의 아이콘이라고 부를 수 있는 인물로는 다이슨의 CEO 제임스 다이슨(James Dyson)을 들 수 있습니다. 그는 CEO이기 이전에 사이클론 분리 원리로 작동하는 백리스 진공청소기의 발명가입니다.

다이슨의 도전은 약 50년 전에 시작됐습니다. 1970년대 후반, 다이슨은 먼지를 빨아들여도 흡입력이 떨어지지 않는 진공청소기를 만들고자 마음먹었습니다. 발명가였던 그는 먼지봉투를 장착해 청소를 하는 기존 진공청소기의 문제점을 인식했습니다. 그러던 중 제재소에서 사용하는 사이클론 분리 기술을 진공청소기에 적용하면 좋겠다는 아이디어를 떠올리고 본격적으로 제품 개발을 시작했습니다.

이후 그는 자신의 아이디어를 반영한 제품을 개발하는 데 성공합니다. 하지만 그가 만든 신제품은 시장에서 기득권층으로부터 큰 도전을 받았습니다. 그의 제품은 영국에서 판매할 수 없었습니다. 기존 먼지 봉투 제조업체들의 압력 때문에 영국에서는 제품을 팔 수 없었던 것이지요. 결국 다이슨은 일본 시장에서 자신이 만든 새로운 방식의 진공청소기를 출시하여 좋은 반응을 얻었습니다. 그제야 영국 시장에서도 그의 제품이 판매되기 시작했습니다. 현재 다이슨은 진공청소기뿐만 아니라 헤어드라이어, 선풍기 등 다이슨만의 기술력을 반영한 제품들로 소비자들의 강력한 지지를 받는 브랜드로 성장했습니다.

그는 기존 방식에 의문을 품고, 실험과 연구를 통해 개선하고, 실패하면 다시 수정하며 인내심을 가지고 더 나은 답을 찾는 것으로 유명합니다. 2007년 5월, 패스트 컴퍼니와의 인터뷰에서 실패의 중요성을 강조하며 그는 이렇게 말했습니다. "저는 진공청소기를 제대로 만들기 전에 5,127개의 프로토 타입을 만들었습니다. 그중 5,126번은 실패했지만, 저는 그 하나하나에서 배웠습니다. 그 덕분에 해결책을 찾아낼 수 있었죠. 그래서 저는 실패를 두려워하지 않습니다. 오히려 학생들이 겪는 실패의 수가 그들의 창의성을 평가하는 기준이 되어야 한다고 생각합니다. 많은 실패를 경험한 학생이 아마도 더 창의적일 것입니다." 그의 도전과 성취가 인상적인 이유는 그가 도전에서 오는 실패를 높이 평가하기 때문입니다. 실패에서 배우지 않는 도전은 무모할 뿐입니다. 하지만 당장엔 실패일지 몰라도 그 실패를 발판 삼아 다시 도전한다면 승리는 예정된 미래입니다.

리더의 도전 성공 사례 4

도널드 트럼프 대통령

저는 리더의 도전 하면 도널드 트럼프 대통령이 떠오릅니다. 도널드 트럼프의 인생은 끊임없는 도전과 재기의 드라마입니다. 청년기부터 2024년 대통령직에 이르기까지 그는 수많은 위기와 역경을 극복하며 미국 현대사에서 가장 논쟁적이고 독특한 인물로 자리매김했습니다.

사업가로서의 여정은 뉴욕 퀸스에서 부동산 개발업을 하던 아버지

프레드 트럼프로부터 경영을 배우며 시작되었습니다. 하지만 그는 아버지의 그늘에서 벗어나 맨해튼이라는 무대에서 독자적인 입지를 구축하고자 했습니다. 그의 첫 번째 큰 성공은 '트럼프 타워' 건설이었습니다. 그러나 뉴욕의 치열한 경쟁 환경 속에서 시도한 카지노 사업과 항공사 투자는 큰 손실로 이어졌고, 1990년대 초반에는 과도한 투자와 부동산 시장의 급격한 침체로 재정 위기까지 겪었습니다. 하지만 트럼프는 뛰어난 협상력으로 부채 조정에 성공했고, 이후 '트럼프'라는 이름을 하나의 브랜드로 발전시켜 호텔, 골프장 등 사업을 확장했습니다. 무엇보다 리얼리티 TV 프로그램 《어프렌티스》를 통해 세계적으로 명성을 얻으며 새로운 성공을 거두었습니다.

2016년, 그의 도전은 정치 영역으로 확장됩니다. 정치 경험이 전무했음에도 그는 파격적인 공약과 강력한 메시지로 공화당 대통령 후보가 되었습니다. 이민 정책과 무역 문제 등 논쟁적인 의제들을 전면에 내세우며 강력한 지지층을 확보했고 주류 언론과 정치 엘리트들의 예상을 뒤엎고 결국 대통령에 당선되었습니다.

2017년부터 2021년까지의 대통령 재임 기간 동안 러시아 스캔들을 비롯한 여러 논란 속에서도 강력한 리더십을 발휘했고 두 차례의 탄핵 위기도 겪었습니다. 2019년 우크라이나 스캔들과 관련한 첫 번째 탄핵과 2021년 국회의사당 습격 사건 관련의 두 번째 탄핵은 모두 하원에서 가결되었으나 상원에서는 무죄로 끝났습니다. 이렇게 그는 미국 역사상 두 번의 탄핵을 겪은 유일한 대통령이라는 기록을 남겼습니다.

2020년 대선에서 조 바이든에게 패배한 후에도 그의 영향력은 계속

되었습니다. 선거 결과에 강력히 이의를 제기하며 지지층의 결속을 유지했고, 이는 2024년까지 이어졌습니다.

2024년은 그의 인생에서 가장 극적인 해였습니다. 두 차례의 암살 시도를 겪었는데, 7월 펜실베이니아주 버틀러에서의 유세 중 발생한 첫 번째 시도에서는 한 남성이 유세장 밖 농가의 지붕에서 트럼프를 향해 총격을 가해 귀 부근에 경미한 부상을 입었습니다. 하지만 그는 현장에서 "싸우자!"를 외치며 주먹을 들어 올렸습니다. 이는 지지자들의 열광적인 호응을 이끌어 냈고 그는 이를 정치적 자산으로 활용하였습니다.

9월에는 플로리다에 있는 자신의 골프클럽에서 두 번째 암살 시도가 있었습니다. A 소총으로 무장한 용의자가 골프장 외곽에서 그를 조준했고 다행히 비밀경호국 요원이 이를 발견해 결국 체포되었습니다.

트럼프의 삶은 실패를 새로운 도약의 발판으로 삼고 위기를 기회로 전환하며 끊임없이 재정립해 온 도전과 반전의 연속이었습니다. 그는 자신의 브랜드와 메시지를 통해 영향력을 유지하며 미국 현대사에서 가장 주목받는 인물 중 하나가 되었습니다.

이번엔 잠시 저의 도전에 대해 이야기해 볼까 합니다. 리더의 역할을 이야기할 때 유독 '도전' 부분에서 제 이야기를 많이 꺼내게 됩니다. 그것은 제 인생이 도전의 연속이었기 때문입니다. 미국 변호사 시험에 합격한 이후에 조직생활을 할 때는 평범한 직장인으로서 해야 하는 매일의 일을 성실히 하며 하루하루를 채워나갔습니다. 커리어적으로나 학문적으로 스스로에게 도전 과제를 부여하지 않고 매일의 일상을 살아가던 시절이었습니다. 그러던 중 제 삶에 새로운 도전 과제가 찾아옵니다. 바로

만 41세에 현대자동차그룹의 임원직을 맡게 되면서 리더의 역할에 대해 고심하며 달려가는 시간이 다가온 것입니다. 이때가 제 인생의 첫 번째 도전입니다. 두 번째 도전은 퇴사 후 박사학위를 취득하고 강사와 작가의 길을 선택한 후 이어진 도전입니다. 이 도전은 현재 진행형입니다.

세 번째 도전은 현재 몸담고 있는 로펌에서 고객을 유치하고 서비스를 확장하는 일입니다. 모든 도전이 그랬듯이 이 또한 처음 해보는 일이라 제게는 큰 도전입니다. 저는 사내 변호사로서 10년 넘게 일했습니다. 그렇다 보니 로펌의 고객으로서는 오랫동안 생활한 셈인데, 반대로 로펌에서 고객사를 상대로 마케팅을 하는 것은 처음입니다. 마케터로서 저는 요즘 어떻게 해야 우리 로펌의 서비스를 탁월하게 소개하고 여러 기업들을 고객사로 만들 수 있을지 열심히 궁리 중입니다. MBA에서 마케팅을 주로 공부했고, 두산그룹에서 일할 때는 마케팅 담당 과장도 역임했지만 실전 마케팅은 늘 어렵습니다.

모두의 마음속에는 '리미터(Limiter)'가 있습니다. 리미터란 최고치를 제어하기 위한 장치입니다. 자동차에도 속도 리미터가 있어서 최고 속도에 도달하면 더 이상 속도가 올라가지 않고 심지어는 감속되기도 합니다. 리미터는 해당 장치가 과열되는 것을 막기 위해 작동합니다. 분명 필요한 장치임은 맞습니다. 다만 저는 모든 사람들이 자기 안의 리미터의 한계를 조금씩 넓혀갔으면 좋겠습니다. 자신의 영역을 조금씩 확장하고 넘어설 때, 인생이라는 커다란 과제에서 끝내 성공할 수 있기 때문입니다. 조직의 리더도 마찬가지입니다. 리더가 자기 자신은 물론이고 조직의 리미터를 해제하여 한계를 넘어설 때 리더도, 조직도 한층 더 성장할 수 있습니다.

3

결정

1분의 결정이 10년을 바꾼다

리더의 결정은 권리가 아니라 의무다

리더는 권리와 의무를 모두 가집니다. 그중 결정은 권리라기보다 의무에 가깝습니다. 물론 '결정권'이라는 말처럼 리더가 최종적으로 의사결정을 하고 업무를 추진한다는 측면에서는 결정을 권리 내지 권한으로 볼 수도 있습니다. 하지만 결정은 리더가 마땅히 해야 하는 일이라는 면에서 의무의 성격이 훨씬 강합니다. 결정을 잘하는 것은 리더의 중요한 의무입니다. 리더라면 반드시 결정을 해야 하고 매번 옳은 결정을 해야 합니다.

리더가 되면 고독함은 필연적인 감정입니다. 그런데 리더가 가장 고독할 때가 언제인 줄 아십니까? 바로 결정을 앞두고 있을 때입니다. 리더의 결정 하나로 조직은 엎어지기도 하고, 승천하기도 합니다. 그래서 리더는 결정을 할 때마다 엄청난 스트레스를 받습니다. 자신의 결정이 가져올 후폭풍과 여진(餘震)이 두렵고, 자신의 결정에 따라 좌우될 팀원들의 밥줄도 걱정됩니다. 특히 중간 관리자로서 결정을 하는 것이 아니라 최종적인 의사결정자일 때 스트레스가 극심합니다.

저는 조직에서 일할 때 초보 시절부터 결정을 해야 할 때가 많았습니다. 처음 결정의 무거움을 알게 된 것은 보험감독원(현 금융감독원)에서 분쟁 조정 역으로 근무했을 때입니다. 당시 저는 리더가 아닌 사원이었지만 조직에서 분쟁 조정 역이라는 큰 역할을 맡았고 하루에 서너 건씩 금융 분쟁 종결 처리를 해야 했습니다. 분쟁조정국에 올라오는 사건들은 소비자보호국에서 해결과 중재를 시도했다가 잘 해결되지 않아 본격적으로 법적 검토가 필요해져서 올라오는 사건들이었기에 문제가 상당히 숙성된 건들이었습니다. 즉, 금융사와 민원인 사이의 의견 차이가 쉽게 좁혀지지 않았을 뿐만 아니라 양측 모두 각자의 입장이 첨예해서 이미 법적 검토들도 해둔 상황이었지요.

저는 매번 사건이 올라올 때마다 약관, 계약, 법률, 사실상황 등을 면밀히 검토하고 조사했습니다. 필요할 경우에는 민원인과 금융사를 직접 면담하면서 제 의견을 내기도 했습니다. 그렇게 제 의견을 정리해서 문서로 올리면 과장과 국장 등의 결제를 받아 사건이 종결되고, 혹시 이의가 제기되면 분쟁조정위원회로 상정되는 시스템이었습니다.

당시 20대 후반이었던 저는 아무리 보험법을 석사에서 전공했다 하더라도 현장에서의 경험도 일천했을 뿐만 아니라 제가 가진 지식, 그날의 컨디션, 선입견, 역량 등에 따라서 사건의 승패가 나뉘는 상황이 매번

스트레스로 다가왔습니다. 제가 사건을 제대로 처리하지 못하게 되면 누군가는 심정적으로 억울함을 호소할 수도 있고 금전적으로도 큰 손해를 입게 되니까요. 또한 제가 처리한 사건이 법원으로 가거나 위원회에 상정됐을 때 제가 기존에 냈던 의견과 반대되는 결론이 나오면 저의 부족함이 입증되는 것이라고 여겨져서 늘 두렵고 걱정됐습니다. 그렇게 저는 서른도 되기 전에 업무 현장에서 한 사람의 내리는 결정의 무게가 얼마나 무거운지를 뼈저리게 느꼈습니다. 그때 이후로 저는 제게 결정의 권한이 주어지면 돌다리를 그저 두들기는 정도가 아니라 돌다리가 무너질 때까지 망치로 내려치며 고민하는 습관이 몸에 배었습니다.

당신의 결정이 누군가의 운명이 된다

앞에서도 말씀드렸지만 저는 금융감독원을 퇴사하고 미국에서 MBA 과정을 밟은 후 두산그룹에 입사했습니다. 두산그룹에서 일했을 당시 전반부에는 마케팅 기획 업무를 하다가 후반부에는 기획조정실에서 근무하며 계열사 구조조정 업무를 했습니다. 당시는 IMF 외환 위기 상황이었고 기업들이 정부의 방침에 따라 치열하게 구조조정을 하던 시기였습니다. 두산그룹 역시 구조조정의 칼날을 피할 수 없었기에 맥킨지(McKinsey)라는 글로벌 컨설팅 기업과 구조조정을 논의했습니다. 그때 저는 내부 컨설턴트(Internal Consultant)로서 그들과 협업을 진행했지요. 당시 외부 컨설턴트들의 결정이 구조조정의 큰 방향을 정했는데, 그들이 제시한 방향이 경영진의 재가를 받고 나면 그 결정을 내부적으로 실행하는 역할은 저와 같은 내부 컨설턴트들의 몫이었습니다.

당시 사내 구조조정의 방식과 내용을 결정하는 데 제가 깊이 관여한 것은 아니었지만 회사의 결정 규모가 컸기 때문에 임직원들에게 미친 파장 또한 무척 컸음을 현장에서 온몸으로 체감할 수 있었습니다.

저 역시 구조조정 부서에 근무하기 전, 회사가 내린 구조조정 결정의 파장에 강력한 영향을 받은 적이 있습니다. 저는 두산그룹에 특채로 입사한 직후 OB맥주에서 일하게 됐는데, 두산그룹이 OB맥주를 외국계 회사에 매각한 직후 해당 외국계 회사가 바로 구조조정에 돌입한 것입니다. 그리고 저도 그 명단에 들어가게 되어 저는 회사에서 구조조정을 통보한 뒤 며칠 만에 해고가 되었습니다. 그 후 두산그룹에 다시 재입사를 하게 됐지만 이때의 경험을 통해 누군가 내린 결정이 한순간에 제 생계를 앗아갈 수도 있다는 것을 직접 경험했습니다.

저는 대기업에서 법무, 대관, 전략기획 등을 담당하는 임원으로 7년간 재직하며 수많은 중요한 의사결정을 내려야 했습니다. 구체적인 사례들을 일일이 공개하기는 어렵지만, 그 기간 동안 무수히 많은 결정을 내리면서 결정의 중요성을 깊이 체험하고 깨달을 수 있었습니다.

결정은 연속성이 있어야 한다

한편 리더의 결정은 연속성이 있어야 합니다. 여기서 연속성이란 어떤 일

관련 기준을 뜻합니다. 이는 제 사례를 통해 이야기해 보겠습니다. 조직을 나온 뒤 1인 기업가의 삶을 살게 되자 저에게는 하나하나의 결정이 중요해졌습니다. 저처럼 혼자 일하는 리더라면 스스로가 내린 결정 하나에 밥줄과 앞길이 왔다 갔다 합니다. 특히 첫발을 내딛는 순간의 결정은 이후의 모든 경로를 좌우하는 중요한 전환점이 됩니다.

그래서 저는 첫 책의 주제를 선정할 때 무척 고심했습니다. 고민 끝에 직장생활을 24년간 했으니 신입사원을 위한 인생 선배로서의 직장 노하우를 주제로 글을 쓰기로 결정했습니다. 이와 같은 첫 결정을 시작으로 주니어 직장인들을 위한 업무 습관과 말하기에 대한 주제로 두 권의 책을 더 집필했습니다. 그렇게 직장인들을 대상으로 한 책을 연달아 쓰고 나니 언젠가부터 조직을 잘 아는 강사로 업계에 소문이 나기 시작했습니다. 만일 제가 첫 책을 법률 또는 다른 주제로 썼다면 저는 리더십 등에 특화된 강연자의 삶을 살고 있지 않을지도 모릅니다.

그렇게 세 권의 자기계발서를 쓰고 나니 그다음에는 경제·경영서를 쓰고 싶어지더군요. 그래서 해당 분야에서 아직 희소성이 있는 주제를 찾다가 '평판 경영'을 주제로 책을 쓰게 됐습니다. 하지만 경제경영서는 이미 다양한 강의 주제들이 넘쳐났기에 이곳에서 저만의 참신한 주제로 강의와 집필을 이어나가기가 그리 녹록치는 않았습니다. 그러던 차에 제가 박사 논문의 주제로 삼았던 '공유가치창출(CSV)'를 발전시켜 'ESG'에 관한 책을 써보면 어떨까 생각하고 도전했습니다. 저는 ESG에 관한 책을 두 권 출간한 후, ESG 과목을 담당하는 연세대학교 대학원 겸임교수로도 출강하게 됐습니다.

그런데 ESG를 연구하며 알게 된 사실이 하나 있었습니다. 대개의 기업들이 ESG 중 '환경(E)'이나 '사회(S)' 이슈에 집중하는데 결국 ESG 경영을 실천하기 위해 가장 중요한 것은 경영진의 의지와 리더십이라는 점이었습니다. 저는 그간 주니어와 시니어 팀원을 타깃으로 한 책을 세 권썼으니 이제 본격적으로 리더들을 대상으로 한 책을 써보자고 마음을 먹게 됐습니다. 2년 전 출간한《리더의 태도》는 그러한 맥락에서 착안해 쓰인 책입니다.

책은 작가로 활동 중인 제게 중요한 커리어 경로입니다. 제가 어떤 주제의 책을 쓰는가는 직장인으로 치면 어떤 회사와 업종에 근무하는가와 같습니다. 저는 책을 쓸 때마다 매번 결정을 내려야 했고, 그때마다결정의 기준은 세 가지였습니다. 그 기준은 '내가 할 수 있는 것인가?'와 '나를 위한 것인가?' 그리고 '다른 사람에게 도움이 되는 것인가?'입니다. 결정은 한 번에 그치지 않습니다. 한 번의 결정이 다음 결정을 만듭니다. 이전에 내린 결정은 지금 내가 하고 있는 일의 근거입니다. 즉, 결정은 연속적이고 그것이 쌓이게 되면 커다란 맥락을 가지게 됩니다. 리더가 내린 결정은 곧 리더와 그 리더가 이끄는 조직이 일해온 맥락이자 역사입니다.

리더의 결정은 어떻게 이루어지는가?

그렇다면 리더의 결정은 어떻게 이루어질까요? 의사결정 프로세스에 대한 이론은 다양하지만 모든 의사결정 과정은 기본적으로 코칭 방식과 유사합니다. 저는 여러 코칭 모델들 중에서도 'PRACTICE 모델'을 선호합니다. 'PRACTICE'는 각 단계를 일컫는 영어 단어의 첫 글자를 딴 것인데, 이를 개괄적으로 살펴보면 다음과 같습니다.

1 먼저 문제를 확인한다(Problem identification).

2 문제를 해결하기 위한 현실적인 목표를 설정한다(Realistic goals developed).

3 문제의 해결 방안을 찾아본다(Alternative solutions generated).

4 각각의 방안을 실행했을 때 일어날 수 있는 결과를 고려한다(Consideration of consequences).

5 최적의 해결책을 선정한다(Target the most feasible solutions).

6 그렇게 선정된 해결책을 실행한다(Implementation of Chosen solutions).

7 결과를 평가하고 지속할지 점검한다(Evaluation).

이러한 접근 방식은 조직이나 팀원이 가진 문제 해결에도 그대로 적용할 수 있습니다.

이외에도 리더의 의사결정 프로세스에는 문제를 잘게 쪼개서 하나씩 풀어가는 '점진적 의사결정(Incremental Decision-Making)', 대안들을 리스트업 하고 그 가운데에서 결정 기준에 맞지 않는 대안들부터 하나씩 제거해 가다가 결국 최종적으로 남는 대안을 선택하는 '소거법(Elimination by Aspects)' 같은 방법들도 있습니다. 때로는 자신의 경험칙이나 단순한 방법을 선택해 '휴리스틱(Heuristic)'으로 문제를 풀 수도 있습니다. 휴리스틱으로 문제를 해결하는 방법에는 두 가지가 있습니다. 먼저 '어림짐작(Rule of Thumb)'으로 큰 틀에서 결정을 내리는 방법입니다. 다른 하나는 '가용성 휴리스틱(Availability Heuristic)'이라고 해서 가장 쉽게 떠오르는 정보를 가지고 결정을 내리는 방법입니다. 가령 '산에서 길을 잃으면 물길을 따라 간다. 물길 끝에는 사람이 산다.'처럼 먼저 떠오르는 정보로 의사결정을 하는 것입니다.

리더의 결정 원칙 1

잡념을 물리쳐라

이렇게 체계화된 의사결정 프로세스가 있음에도 불구하고 리더들은 여전히 결정을 어려워합니다. 리더의 결정을 방해하는 요소에는 여러 가지가 있습니다. 그중 가장 큰 장애물은 잡념입니다. 리더의 올바른 결정을 방해하는 잡념에 대해 좋은 인사이트를 주는 글을 하나 소개합니다. 2009년 2월 《하버드 비즈니스 리뷰》에는 "왜 훌륭한 리더들이 나쁜 결정을 하는가(Why Good Leaders Make Bad Decisions)"라는 글이 실렸습니다. 이 글에서는 리더에게 '부적절한 자기 이익'이나 '왜곡된 애착 대상'이 있을 경우, 또는 '잘못된 기억'을 하고 있을 경우에 바른 결정을 내리지 못한다고 지적합니다. 여기서 부적절한 자기 이익은 우리말로 쉽게 표현하자면 '사심'입니다. 두 번째 경우인 '왜곡된 애착 대상'은 조금 더 복잡한데, 가령 경영진이 자신이 근무한 부서를 매각하는 것을 주저하는 경우가 바로 부적절한 애착을 보여주는 사례입니다. 한편 '잘못된 기억'이란 현재 상황과 관련이 있고 유사해 보이지만 우리의 사고를 잘못된 길로 이끄는 기억을 가리키는데, 이러한 기억은 중요한 차이점을 간과하거나 과소평가하게 만듭니다. 즉, 다른 상황에서 작동해야 할 다른 기억이 예전의 잘못된 기억으로 대체되어 객관성을 상실하는 경우입니다.

이 세 가지 경우의 공통점은 리더의 마음에 잡념을 채우게 만든다는 것입니다. 리더는 자기만의 특별한 이익이 존재할 경우, 그 이익이 금전적인 것이든 명예나 자부심과 관련된 것이든 잘못된 결정을 내립니다. 또한 리더가 특정한 사람이나 대상에 애착을 가질 경우에도 잡념이 눈앞을 가려 잘못된 결정을 내립니다. 리더가 잘못된 기억을 소환해 잘못된 방식으로 문제를 해결하는 것도 잡념의 방해를 받은 것이라 할 수 있습니다.

즉, 리더가 올바른 결정을 하기 위해서는 잡생각을 없애야 합니다. 그런데 리더의 역할을 수행하다 보면 조용히 생각할 시간을 만드는 것이 쉽지 않습니다. 아침부터 회의와 미팅 등 일정이 쏟아집니다. 주변 동료나 팀원들도 나를 그냥 두지 않습니다. 외근도 나가봐야 하고, 출장도 가야 합니다. 늘 의사결정을 바라는 전자문서들이 문서함에 가득합니다. 이러니 사고(思考)가 연속될 틈이 없습니다. 하지만 리더로서 가장 중요한 책무 중 하나는 나와 조직, 팀원에게 도움이 되는 올바른 결정, 나와 조직, 팀원의 에너지를 아껴주되 성과는 극대화한 효율적인 결정을 내리는 것입니다. 그러려면 잡생각을 없앨 시간과 장소를 꼭 마련해야 합니다.

리더라면 바쁜 업무를 소화하면서도 차분하게 생각을 가다듬을 수 있는 자기만의 시간과 장소를 만들어 두고 그곳에서 자기 자신을 돌보는 것은 물론이고 커다란 결정을 내리기 전 상황을 되돌아봐야 합니다. 이때 장소가 반드시 조용해야 할 필요는 없습니다. 백색소음이 있는 곳도 좋고, 아이들이 뛰어노는 놀이터도 괜찮습니다. 제가 여기에서 '성찰'이라는 거창한 말을 안 쓰는 이유는 리더가 스스로를 너무 몰아붙이면 오히려 잡생각이 더 나기도 하기 때문입니다. 그저 자신이 편하다고 여기는 곳에서 차나 커피를 한 잔 앞에 놓고 느슨한 마음으로 집중할 수 있으면 됩니다. '코끼리만 생각하지 말라.'라고 하면 코끼리만 생각나는 것처럼 리더에게 지나친 침잠을 강요하면 오히려 그 여백 속에서 불필요한 잡념이 떠오르기 쉽습니다. 제 경우에는 운전을 하며 음악을 틀고 생각을 흘려보내면서 중요한 의사결정을 하곤 합니다.

잡념을 없앨 시간과 장소를 택했다면 리더는 이제 자신의 생각을 시각적으로 정리해야 합니다. 저는 종이에든 태블릿에든 본인이 해야 할 결정과 주변 상황을 그려 보길 권합니다. 우리 머릿속은 생각보다 체계적이지 않습니다. 순서도나 '디시전 트리(Decision Tree)'를 만들어 '로지컬 씽킹(Logical Thinking)'을 하는 이유는 체계적이지 않은 우리의 사고 경로를 최대한 단순화함으로써 논리적 체계를 세우려고 하는 것입니다.

한편 논리적으로 생각해 내린 선택보다 직관에 의지해 내린 선택이 성공으로 이어지는 경우도 가끔 있습니다. 이런 경우가 성공했을 때 리더는 자신의 '촉' 또는 '감'이 좋다고 말할 수도 있습니다. 하지만 그것이 성공으로 이어지지 않을 경우 이는 그저 리더의 고집 내지 아집에 머물 우려도 큽니다. 물론 리더의 촉과 감을 결코 과소평가해서는 안 됩니다. 리더의 촉과 감도 모두 리더의 결정에 있어 아주 중요한 역량으로 작용합니다. 그렇지만 그 촉과 감이라는 것도 어쩌다 들어맞은 우연이라기보다 그간 리더가 객관적이고 과학적인 데이터와 정보를 기반으로 모든 상황들을 들여다보고 견줘서 생각한 결과라고 보는 편이 타당합니다.

리더의 결정 원칙 2
최대한 올바른 선택지를 구성하라

리더는 결정을 하기 전에 선택을 해야 합니다. 결정은 리더가 세운 목표와 맞아떨어지면서도 비용, 시간, 리스크 등 일정한 기준을 충족하는 가장 알맞은 옵션(선택지)을 고른 끝에 이루어집니다.

옵션을 고를 때 리더는 다양한 면을 생각해야 합니다. 어떤 결정에서도 완벽한 옵션은 없습니다. 각 선택지의 장단점을 잘 분석해 목표 달성에 가장 부합하는 안을 찾는 것이 관건이지요. 그런데 리더 중에는 선택지 중 무엇을 택할지 고르지 못하거나 고르더라도 잘못 고르는 리더들이 있습니다. 이런 리더들은 크게 네 가지 유형으로 나뉩니다.

첫째, 자신이 옵션을 만들지 않고 팀원에게 위임한 후 그 결과물을 유심히 살펴보지 않고 자의적이거나 충동적으로 선택하는 리더입니다. 둘째, 팀원이 만든 옵션을 살펴보긴 하는데 그 옵션을 보는 안목이 없어서 좋은 옵션을 찾아내지 못하는 리더입니다. 셋째, 자신이 옵션을 만들고, 그 옵션을 팀원들의 의견을 듣지도 않고 자신이 혼자 고르는 '답정너' 스타일의 리더입니다. 넷째, 자신이 옵션을 만들고 신중하게 살펴보는데 그중 하나를 단호하게 선택하지 못하는 경우입니다. 리더는 자신이 만든 선택지 중에서 고르라고 할 경우, 특히나 우유부단해집니다. 남이 만든 옵션은 참 쉽게 고르면서 자신이 만든 옵션은 하나하나 살펴보다 결국 결정을 못 내리는 것이지요.

사실 리더의 결정 능력은 리더가 얼마나 옵션을 잘 만드는지에 달려 있다고 해도 과언이 아닙니다. 리더는 옵션을 아래에서 만들어 주는 대로 받아 고르는 사람이 아닙니다. 팀원의 옵션에 자기만의 내공을 더해 더 좋은 옵션으로 업그레이드할 수 있어야 합니다. 결정을 잘하는 리더는 최고의 옵션을 선택할 수 있도록 옵션의 질을 극대화하는 리더입니다. 어려운 문제일수록 기존의 방법으로는 해결이 어려울 수 있습니다. 즉, 고도의 해결책이 필요할수록 옵션은 더 정교하게 다듬어져야 합니다. 좋은 결정이란 주어진 메뉴에서 고르는 것이 아니라 애초에 메뉴에 없던 맛있는 음식을 새로 만드는 것입니다. 리더의 창의력은 예술적 창의력이나 기술적 창의력을 말하는 것이 아닙니다. 문제를 맞닥뜨렸을 때 얼마나 다양한 옵션을 생각해 낼 수 있는지를 가리킵니다.

선택지들이 좋으면 조직 내에서도 건강하고 생산적인 논쟁이 일어납니다. 그동안 제가 현장에서 본 뛰어난 리더들은 기발한 창의력으로 문제를 해결해 낼 엉뚱한 옵션들을 생각해 내거나 그 옵션으로는 문제를 풀 수 없을 것 같다고 팀원이 보고하면 특정한 옵션만을 고집하기보다 보완해서 더 나은 옵션을 만들어 내는 사람들이었습니다. 즉, 결정을 잘 하고 싶다면 선택을 잘해야 하고, 선택을 잘하고 싶다면 옵션을 잘 만들면 됩니다. 결정은 '옵션 게임(Option Game)'입니다.

리더의 결정 원칙 3
현실성과 미래성을 체크하라

리더의 결정에는 현실성과 미래성이 모두 요구됩니다. 현실성은 제때 시간에 맞춰 실천이 가능한가에 대한 것입니다. 훌륭하고 탁월한 결정도 시간이 지연되어 적기를 놓친다면 실무에서 아무런 소용이 없습니다. 모든 결정은 마감 시한이 있습니다. 결정은 시간 내에 해야 합니다. 시간이 지나서 내린 결정은 개인적으로는 후회를 불러오고, 조직에는 실기(失機), 즉 기회 상실로 작용합니다. 따라서 리더는 자신이 결정을 언제까지 해야 하는지 정확히 알고 업무의 타임 라인을 장악한 상태에서 적기에 결정을 내려야 합니다. 이때 결정의 데드라인은 자신이 정하는 것이라고 착각해서는 안 됩니다. 이는 의사결정권자들이 하기 쉬운 오해인데요. 최적의 결정 시점은 해결되어야 할 그 문제가 정하는 것입니다.

리더의 결정에는 미래성도 있어야 합니다. 지금 내리는 이 결정이 앞으로 잘 진행이 될지, 조직과 팀원의 미래에 도움이 될지, 현재의 자원을 효율적으로 사용할 수 있을지 등을 모두 고려해야 하는 것이지요. 성공한 리더는 이렇게 얘기합니다. "나야 어차피 임기 채우고 나가면 그만이지만, 내가 떠난 후에도 남아 있을 후배들을 위해 이 일은 꼭 하고 나가야 됩니다." 이런 마음이 곧 결정의 미래성입니다. 지금 당장은 도움이 되지 않을 수도 있지만 미래를 위해 반드시 해야만 하는 결정이 있는 것이지요. 리더는 현실성 있는 결정을 하려면 탁견(卓見)이 있어야 하고, 미래성 있는 결정을 하려면 용기가 있어야 합니다. 현실성과 미래성, 이 둘은 리더가 최종적으로 서명하기 전에 반드시 점검해 볼 결정의 중요한 속성들입니다.

리더의 결정 성공 사례 1

아마존 CEO 제프 베이조스

리더의 결정의 성공 사례 중 으뜸으로 꼽을 수 있는 인물 중 하나는 아마존(Amazon)의 창립자 제프 베이조스(Jeff Bezos)입니다. 그의 리더십은 세 가지로 정의할 수 있습니다. 베이조스는 중요한 의사결정 때마다 이 세 가지 태도를 일관되게 유지했습니다.

첫째, 남이 하지 않는 새로운 시도를 한 것입니다. 그는 전자책 장치 킨들, 인공지능 비서 알렉사 등을 개발했고 드론으로 상품을 배송하는 등 아마존의 혁신을 늘 주도했습니다.

둘째, 후회 최소화 관점으로 위험을 감수하고라도 자신이 후회하지 않을 선택을 한 것입니다. 베이조스는 금융회사에 근무하던 시절, 인터넷의 연간 성장률이 2,300퍼센트에 달하는 것을 계속 지켜보면서 자신의 결정을 '후회 최소화 프레임워크'에 맡겼습니다. 그는 '80살이 되면 월가를 떠난 것을 후회할까?'라고 자문했습니다. 그가 내린 답변은 '아니요.'였습니다. 그는 다시 질문합니다. '인터넷이 처음 시작될 때 거기에 있을 기회를 놓친 것을 후회할까?' 그의 대답은 '그렇습니다.'였습니다. 이후 그는 금융회사를 퇴사하고 아마존을 창립했고 3D 기능을 탑재한 스마트폰인 파이어폰(Fire Phone)을 론칭했으며 유통업체 홀푸드(Wholefood)를 인수했습니다.

셋째, 무척 장기적으로 생각하고 경영하는 것입니다. 그는 임직원들에게 늘 장기적으로 미래를 향해 생각하라고 주장합니다. 그는 미국 텍사스에 '만 년 시계'를 건설했습니다. 이 시계는 1년에 한 번 바늘이 움직여서 천 년이 되어야 뻐꾸기가 한번 모습을 보여주는 시계입니다. 그만큼 장기적 안목이 중요함을 역설하고 했던 것이지요. 1997년, 첫 주주 서한에서 제프 베이조스는 '장기적인 안목은 중요하며 성공의 척도는 장기적으로 창출하는 주주 가치가 될 것'이라고 밝혔습니다. 베이조스가 장기적인 시각으로 사업을 전개하는 이유는 아마존이라는 플랫폼 인프라 비즈니스가 워낙 대규모 투자를 수반하는 데다 수익이 늦게 회수되는 구조였기 때문입니다. 고객이 자신의 사용 경험을 통해 플랫폼 인프라에 정착하는 데는 오랜 시간이 걸립니다. 도서 구매 플랫폼으로 시작한 아마존도 마찬가지였습니다. 플랫폼이 정착할 동안 아마존은 플랫폼 인프라에 지속적으로 대규모 투자를 해야 했습니다. 그렇지 않으면 기술적인 면에서 경쟁사에 뒤질 수밖에 없었고, 이는 향후 고객 이탈로 이어지기 때문이었습니다. 그래서 베이조스는 자신이 목적하는 바를 멀리에 두고 그 과정을 장기적으로 운영할 수밖에 없었습니다. 하지만 다른 플랫폼들이 소규모로 특정 제품군에 한해 움직였던 반면, 아마존은 전 제품을 아우르는 광범위한 유통망을 구축했습니다. 결국에는 규모의 경제를 통해 고객 점유율은 자연스럽게 상승했지요. 오늘날의 치열한 이커머스 플랫폼 경쟁속에서도 시간이 걸리더라도 탄탄한 플랫폼 인프라 구축에 집중했던 아마존은 여전히 유통업계에서 확고한 1위 자리를 지키고 있습니다.

베이조스는 이와 같이 장기적인 시각에서 규모의 경제로 아마존을 운영하는 것에 대해 주주들에게 강력하게 호소하고 있습니다. 2013년 4월, 그는 주주들에게 '멀리 보고 고객과 주주들 간의 이익을 정렬하자.'고 이야기하며 그해 이익을 전부 재투자하자고 제안했습니다. 베이조스는 아마존이 롱텀으로 운영된다는 점을 직원들에게도 끊임없이 강조합니다. 그는 '싼 가격, 빠른 배송, 다양한 제품은 10년 후에도 사람들이 원할 것이다. 우리는 변하지 않는 것에 집중해야 한다. 10년 후에도 변하지 않는 것에 자원과 시간을 집중하자.'라는 취지의 말로 '롱텀 씽킹'을 전략화했습니다. 이렇게 '후회 최소화 원칙'과 '롱텀 씽킹(Long-term Thinking)'이라는 베이조스의 결정 기준은 이제 아마존의 확실한 전략으로 자리매김했습니다.

리더의 결정 성공 사례 2
구글의 역대 CEO들

세계적인 검색 엔진 구글(Google)의 창립자와 역대 CEO들도 결정의 귀재들입니다. 구글 창립자는 스탠퍼드대학원에서 만난 파트너인 래리 페이지(Larry Page)와 세르게이 브린(Sergey Brin)입니다. 이들은 대학원 재학 시절 '백럽(BackRub)'이라는 검색엔진을 만들어 학생들에게 선풍적인 인기를 얻었습니다. 이후 백럽을 발전시킨 두 사람은 '10의 100승'을 가리키는 '구골(Googol)'에서 따온 '구글'이라는 명칭의 검색엔진을 만들어 큰 성공을 거두었습니다.

래리 페이지는 구글을 만들 때 아주 중요한 결정을 하나 내립니다. '악해지지 말자(Don't be evil),'라는 핵심 가치 아래, 당시 검색엔진들의 일반적인 수익 모델이었던 첫 페이지 광고를 과감히 거부하고 순수 검색 기능만으로 수익을 창출하겠다는 혁신적인 비즈니스 모델을 선택한 것입니다.

래리 페이지는 고객을 최우선으로 배려한다는 원칙도 세웠습니다. 그에게는 고객은 섬기고 존중해야 하는 대상이었습니다. 구글은 고객인 사용자들에게 편리하고 정확한 서비스를 제공하기 위해 검색결과의 순위는 절대 외부에 판매하지 않았으며 간결하고 명확한 검색결과를 제공하도록 했습니다. 그는 구글의 임직원들에게도 '고객에게 항상 기대를 뛰어넘는 서비스를 제공하라.'고 당부했습니다. 또한 '느린 것보다 빠른 것이 좋다.'라는 원칙 하에 정보 제공 속도도 최대한 빠르게 끌어올리기 위한 연구 개발을 멈추지 않았습니다.

래리 페이지는 구글 창립 시절부터 팀원들을 존중하는 조직문화의 방향을 결정했습니다. 래리 페이지는 팀원들에게 감사하는 마음으로 사내에 운동이나 취미생활을 할 수 있는 공간을 만든 것입니다. 사내 육아시설은 물론이고 병원, 이발소, 애완동물 돌봄 서비스까지 임직원을 위한 편의시설을 두루 갖추었습니다. 또한 그는 구글 창업 초기에 자신이 겪었던 고생을 늘 떠올리며 구글의 직원들에게 최고의 요리사들이 만든 식사와 하루 종일 언제든 먹을 수 있는 간식을 제공했습니다. 이와 같이 직원 복지에 신경 쓴 결과 구글은 늘 '일하기 좋은 직장'의 상위권에 선정됐습니다.

구글은 물리적 환경뿐만 아니라 직원들을 육성하기 위한 노력도 게을리하지 않았습니다. 구글은 창의적이고 혁신적인 기업문화를 정착시키기 위해 직원들의 자유로운 복장을 허용했습니다. 래리 페이지는 훗날 리더의 역할에 대해 이렇게 말했습니다. "리더로서 내가 할 일은 사내 모든 직원이 좋은 기회를 가질 수 있도록 해 주는 것이며 이를 통해 그들이 의미 있는 활동을 하고 사회 이익에 이바지할 수 있도록 하는 것이다."

래리 페이지만큼 구글의 발전을 위해 중요한 결정을 내렸던 또 다른 리더도 존재합니다. '구글의 대모'라고 불리던 고(故) 수잔 워치츠키(Susan Wojcicki)가 바로 그 인물입니다. 그녀는 1997년 실리콘밸리에 있는 집의 창고를 스타트업 대표들에게 임대했는데 그 임차인이 구글 창업자인 세르게이 브린과 래리 페이지였습니다. 워치츠키는 그러한 인연으로 래리 페이지로부터 구글 입사 제안을 받습니다. 그 인텔에서 근무 중이던 워치스키는 발전하는 인터넷의 미래를 보고 큰 결정을 내립니다. 대기업 인텔을 퇴사하고 스타트업에 불과했던 구글에 입사한 것이지요.

그녀는 구글이 검색엔진 첫 페이지에 광고를 넣지 않도록 하고 콘텐츠 생산자와 구글이 수익을 나누는 모델인 '구글 애드센스'를 기획했습니다. 그녀의 가장 큰 기여는 2006년 구글의 유튜브 인수를 창업자들과 함께 결정한 것입니다. 이는 구글이 동영상 플랫폼의 최대 승자이자 글로벌 기업으로 퀀텀 점프하는 데 결정적인 역할을 했습니다. 그녀는 2014년부터 2023년까지 약 10년간 유튜브의 리더로 재직했습니다. 구글의 유튜브 인수라는 결정을 건의한 워치츠키나 그 결정을 받아준 페이지와 브린 모두 탁월한 결정을 한 리더입니다. 훌륭한 결정을 한 리더 곁에는 언제나 그 결정을 제안한 또 다른 탁월한 리더가 존재합니다.

리더의 결정 성공 사례 3
애플 CEO 스티브 잡스

스티브 잡스는 애플의 창업자입니다. 그를 넘어서는 리더가 아직까지 없다고 할 수 있을 정도로 스티브 잡스는 공학과 예술을 접목해 혁신적인 기술로 인류에게 새로운 세상을 열어주었습니다. 그가 얼마나 혁신적이었는지 가늠할 수 있는 그의 명언이 있습니다. "당신이 당신 스스로를 잠식하지 않는다면 다른 사람이 당신을 잠식할 것이다(If you don't cannibalize yourself, someone else will)." 그는 자기 자신을 소모하고 극단으로 밀어붙이면서도 늘 최선의 결정을 내렸습니다. 그가 내린 최고의 결정들은 다음과 같습니다.

첫째, 1976년 스티브 워즈니악(Steve Wozniak)과 애플을 창립한 것입니다. 애플이라는 기업이 인류에게 끼친 영향을 생각할 때 그의 애플 창업은 단순히 한 기업의 성공이라고 치부하기에는 그 가치가 무척 높습니다. 참고로 이들과 애플을 공동 창립했던 로널드 웨인(Ronald Wayne)은 불과 수천 달러에 애플 주식을 팔아버린 최악의 결정자로 유명합니다.

둘째, 1984년 매킨토시를 개발한 것입니다. 매킨토시를 통해 인간은 컴퓨터와 마우스를 통해 대화하고 상호작용할 수 있게 됐습니다.

셋째, 애플에서 해고된 후 그만의 독창적인 안목으로 1986년 픽사를 인수한 결정입니다. 애니메이션 스튜디오 인수라는 독특한 선택은 후일 픽사가 디즈니에 인수되면서 잡스를 디즈니의 최대 주주로 만들었고, 이는 테크놀로지와 콘텐츠의 융합이라는 혁신적인 비즈니스 모델의 시초가 되었습니다.

넷째, 1997년 애플에 복귀해 아이맥, 아이팟, 아이폰, 아이패드 등의 혁신적인 제품을 출시한 것입니다. 자신을 쫓아냈던 회사에 다시 복귀하기로 결정한 것은 그가 내린 최고의 결정입니다.

마지막으로 2003년 아이튠즈 스토어(iTunes Store)를 론칭해 영화, TV 프로그램, 음악 등을 디지털화해 판매할 수 있는 플랫폼을 만든 것입니다. 이는 오늘날의 OTT 탄생을 있게 한 경이로운 선택이었습니다.

잡스의 업적을 논하자면 끝이 없습니다. 잡스는 신이 인간을 위해 내려보낸 천상의 테크니션이 아니었나 싶을 정도입니다. 그런데 이런 그의 수많은 선택과 결정을 다음 세대로 이어지게 한 최고의 결정이 있습니다. 바로 그가 2011년 죽기 직전에 팀 쿡(Tim Cook)을 애플의 다음 리더로 결정한 것입니다.

팀 쿡도 결정을 잘하는 리더였습니다. 그가 내린 최고의 결정은 컴팩을 나와 잡스의 요청을 받아들여 1997년 애플에 합류한 것입니다. 팀 쿡은 애플 입사 이후 생산 운영 분야의 달인으로서 경비를 절감하고 생산을 효율화해 애플의 중심 리더로 성장했습니다. 그가 잡스의 후계자로 지명됐을 때 시장에서는 그의 추진력에 대해 의심했고, 잡스의 카리스마를 넘어설 수 있을지를 두고 수많은 의문을 제기했습니다. 그러나 그는 잡스가 토대를 닦아 놓은 애플의 비전을 잡스가 원했던 것 이상으로 실현해 냈습니다. 그는 아마도 잡스가 시도한 여러 성과들 중에서 무엇에 집중을 해야 할지 고심했을 것입니다. 전임자가 역사에 한 번 나올까 말까 한 천재적 리더였으니 그 부담이 얼마나 컸을지 눈으로 보지 않아도 짐작이 됩니다.

훌륭한 리더는 무엇을 선택해야 할지 판단하기 어려울 정도로 좋은 옵션들을 많이 만들어 두고 그 옵션 안에서 고민합니다. 잡스는 후임자가 누구든지 간에 선택하기 쉽지 않았을, 월등한 옵션들을 만들어 놓고 세상을 떠났습니다. 쿡은 잡스가 펼쳐놓은 여러 옵션 중에서 몇 가지를 선택해 집중하는 전략을 구사했습니다.

첫째, 쿡은 고객을 기존 애플 제품 카테고리에 가두는 전략을 펼쳤습니다. 쿡은 애플 워치, 애플 카드 등의 새로운 제품을 출시해 애플의 제품 라인을 다변화시켰고 고객들은 애플 생태계 내에서 호환되는 애플 제품만을 구매했습니다.

둘째, 쿡은 애플의 서비스 부문, 특히 애플 뮤직, 애플 TV+, 애플 아케이드, 애플 뉴스+ 등 다양한 구독 기반 서비스를 강화하며 애플이 콘텐츠 플랫폼으로서 자리 잡는 데 큰 기여를 했습니다. 잡스가 픽사를 인수하고, 아이튠즈 스토어를 론칭하며 시작했던 콘텐츠와 테크의 결합을 다양한 채널로 강화한 것입니다.

잡스가 내린 최고의 결정은 쿡에게 애플 입사를 권유하고 그를 후계자로 지정한 것이었고, 쿡이 내린 최고의 결정은 애플에 합류해 잡스의 지명을 기꺼이 따른 것이었습니다. 최고의 리더들은 각자가 내린 최고의 결정으로 자신들의 성공을 계승합니다.

리더의 결정 성공 사례 4
마이크로소프트 CEO 빌 게이츠

스티브 잡스가 아이폰이라는 하드웨어 발명품을 만들어 낸 천재적 리더라면 마이크로소프트의 창업자 빌 게이츠(Bill Gates)는 윈도우(Window)라는 소프트웨어를 만들어낸 천재적 리더입니다. 그는 테크 기업 창업자 중 드롭 아웃(Drop Out, 다니던 학교를 중퇴하고 창업하는 것)의 시조라고 할 수 있습니다. 마크 저커버그, 잭 도로시, 마이클 델, 샘 올트먼, 스티브 워즈니악도 모두 다니던 학교를 중퇴했지만 성공한 테크 리더들입니다. 학교를 그만두고 창업 전선에 뛰어드는 것은 대단한 결정입니다.

더군다나 저명한 변호사였던 아버지와 사업가인 어머니를 둔 빌 게이츠는 명문 하버드 대학 중퇴라는 파격적 선택을 하기가 쉽지 않았을 것입니다.

그런 그가 내린 인생 최고의 결정은 무엇일까요? 잡스와 마찬가지로 탁월한 후계자를 리더로 지명한 것입니다. 그는 사티아 나델라(Satya Nadella)를 다음 리더로 육성했습니다. 사티아 나델라는 1992년에 마이크로소프트에 입사한 후 22년 만인 2014년에 CEO가 됐습니다. 나델라는 마이크로소프트를 클라우드 기업으로 변화시켰고 CEO 취임 5년 만에 마이크로소프트를 세계 1위 시가총액의 회사로 등극시켰습니다. 미국의 경제전문지 《블룸버그》는 나델라 이후의 마이크로소프트의 변신을 주목하며 '나델라상스'라는 표현으로 마이크로소프트가 르네상스를 맞이했다고 평가했습니다.

나델라의 훌륭한 결정은 크게 세 가지입니다.

첫째, '모바일 퍼스트, 클라우드 퍼스트'라는 비전을 내세우며, 클라우드 서비스를 마이크로소프트의 성장 동력으로 만들었습니다.

둘째, 그는 마이크로소프트의 비즈니스 기반 확대를 위해 비즈니스 네트워킹 플랫폼인 링크드인(LinkedIn)과 소프트웨어 개발 플랫폼인 깃허브(GitHub)를 인수했습니다. 또한 인공지능, 혼합 현실(Mixed Reality), 양자컴퓨터 등 미래 기술에 대한 투자도 강화했습니다.

셋째, 그는 마이크로소프트의 조직문화를 전격적으로 바꾸어 놓았습니다. 취임 후 이사회에 보내는 서한에서 적극적인 경청을 하겠다고 약속했고, 그 약속대로 회사 내 모든 리더를 만나서 그들의 이야기를 들었으며 외부 파트너와 소비자도 두루두루 만나며 폭넓은 소통을 이어 갔습니다. 그리고 그들에게 마이크로소프트의 존재 이유를 묻고, 나아 갈 방향을 물었습니다.

이러한 경청을 통해 나델라 CEO는 취임 직후 두 가지 질문을 떠올렸습니다. '어째서 우리는 이 자리에 있는가?', '다음에 할 일은 무엇인가?' 사티아 나델라는 이 질문에 대한 깊은 통찰 끝에 사람들이 마이크로소프트를 통해 얻고자 하는 것은 마이크로소프트 제품으로 힘을 더 많이 가지게 되는 것이라는 것을 알게 되었습니다.

나델라는 경청을 통해 끊임없이 내부 의견을 수렴하고 이를 다시 직원들이 학습하고 구현하도록 이끌었습니다. 빌 게이츠 시절의 마이크로소프트의 조직문화는 'Know-it-all', 즉 구성원들은 모르는 것 없이 다 알아야 한다는 것이었습니다. 또한 아웃풋을 위해 구성원들 간의 경쟁을 부추기는 문화도 암암리에 존재했습니다. 하지만 사티아 나델라가 새롭게 구축한 마이크로소프트의 문화는 'Learn-it-all', 즉 모두 배우면 된다는 것이었습니다.

빌 게이츠의 '미래의 리더는 다른 이들에게 능력을 부여하는 사람이 될 것'이라는 통찰은 나델라 발탁을 통해 현실이 되었습니다. 나델라의 리더십 아래 마이크로소프트는 조직문화의 혁신적 변화를 이루어 냈고, 이는 회사의 시가총액을 10배 이상 증가시켜 약 4300조 원이라는 놀라운 기업 가치 성장으로 이어졌습니다.

리더의 훌륭한 이전의 결정은 다음 세대 리더의 훌륭한 결정으로 이어집니다. 게이츠는 전문경영인인 나델라에게 마이크로소프트 경영권을 넘긴 후, 자신은 자선재단의 이사장을 맡고 있습니다. 게이츠는 2000년에 전 부인인 멜린다 게이츠와 함께 빌&멜린다 게이츠 재단을 만들어 전 세계인의 평등한 건강권과 교육권을 위해 활동하고 있습니다. 그는 자기 재산의 99퍼센트를 기부하겠다고 공언하며 이제는 기업가에서 사회활동가로 나섰습니다.

탁월한 결정은 늘 다음번에 이어질 또 다른 탁월한 결정을 가능하게 해줍니다. 빌 게이츠가 내린 결정들은 그가 창업한 마이크로소프트와 인류를 위한 최선이자 최적의 결정들이었습니다.

4

도달

도착하지 말고 도달하라

리더는 결국 성과를 이루어내는 사람이다

리더는 궁극적으로 성과에 도달해야 합니다. 많은 리더십 책에서 리더
는 성과를 이루는 사람이라고 정의합니다. 2022년 11월 일론 머스크는
트위터를 인수하고 이런 제목의 이메일을 보냈습니다. "돌이킬 수 없는
선택의 갈림길(A Fork in the Road)". 머스크는 이 메일에서 "점점 더 경
쟁이 치열해지는 사회에서 우리는 극도로 강해져야 한다. 이는 높은 강
도로 장기간 일하는 것을 의미한다."라고 이야기했습니다. 또한 "오직 뛰
어난 업무 실적을 내는 사람만이 합격점을 받게 될 것"이라며 자신이 극
도의 성과주의자임을 드러냈습니다. 도달이란 바로 성과를 이루는 것을
가리킵니다.

'도달'은 '도착'과 조금 다릅니다. 영어로 굳이 그 뉘앙스를 구분한다면 '도착'은 'arrive'이고 '도달'은 'reach'입니다. '도착'은 기계적으로 시간이 되어, 순탄하게 목적지에 다다른 경우를 가리킵니다. 조금 중립적인 표현이지요. 그에 반해 '도달'은 우여곡절과 온갖 노고를 겪으면서 목적지에 다다른 경우를 가리킬 때 주로 사용합니다. 그래서 '정상에 도착했다.'라고 하지 않고 '정상에 도달했다.'라고 하는 것이지요. 리더의 성과 역시 정해진 시간표대로 목적지에 도착하는 열차처럼 순탄하게 이루어지지 않습니다. 리더는 고난과 좌절, 때로는 수치심까지 감내하며 자신의 목표를 향해 나아갑니다. 그런데 사실 그 고난을 택한 것도 그들이고, 그 힘을 마련한 것도 그들입니다. 리더로 하여금 고통을 감수하고 정상에 도달하게 만드는 힘은 그들이 그린 비전입니다.

앞에서 이야기한 '자극', '도전', '결정' 등이 과정의 측면에서 리더의 역할을 이야기한 것이라면 '도달'은 결과적 측면에서 리더의 역할을 이야기합니다. 리더는 또렷하고 정확하게 그러면서도 조금 넘치는 수준으로 성과에 도달해야 합니다. 현대 경영학의 창시자로 꼽히는 미국 경영학자 피터 드러커(Peter Drucker)는 저서 《드러커 100년의 철학》에서 '성과를 내는 것은 하나의 습관이며 실천적 능력의 축적이다. 실천 능력은 습득할 수 있다. 그리고 그것은 놀랄 만큼 단순하다.'라고 했습니다. 이렇듯 그는 성과에 도달하는 것이 습관이라고 정의했습니다. 습관은 자동화된 행동이니 결국 리더가 도달을 습관화하다 보면 자동적으로 늘 성과에 도달할 수 있다는 말이지요. 다음은 제가 제시하는 리더가 성과를 내는 습관을 형성하는 구체적인 방법론들입니다.

리더가 도달하는 방법 1

숙제를 알아라

리더십에 관한 자료들을 보다 보면 미국식 리더십의 영향 때문인지 다짜고짜 '성과'라는 말부터 튀어나오는 경우가 종종 있습니다. 마치 성과라는 것이 미리부터 다 정해져 있고, 성과는 불변으로 고정된 것처럼 말이지요. 그러나 성과는 계속 움직입니다. 성과를 움직이는 가장 큰 동인(動因)은 조직의 목적입니다. 조직의 목적이 변하면 성과도 함께 움직입니다.

리더가 성과에 다다르고 싶다면 먼저 조직의 목적부터 알아야 합니다. 불교 지도자 '달라이 라마(Dalai Lama)'는 《리더의 길(The Leader's Way)》이라는 책에서 '좋은 리더십의 필수적인 요소는 조직의 목적을 명확히 하는 것이며 그것은 종종 어려운 일이기도 하다. 하지만 의미 있고, 달성 가능한 목적 없이는 회사에서 높은 수준의 도덕성과 올바른 동기부여를 획득하는 것은 거의 불가능하다. 사람들은 자신들이 하는 일의 목적을 알고 싶어 하기 때문이다.'라고 했습니다. 이는 조직의 목적과 리더십의 관계를 명확히 설명한 말입니다.

팀원들이 주로 동기를 잃는 경우는 '적은 보상이 따를 때'와 '목적을 상실했을 때'입니다. 팀원들이 '우리가 도대체 왜 이 일을 하고 있는 거야.' 혹은 '우리가 무슨 일을 하고 있는지 모르겠어.'라고 느끼는 순간, 그때부터 일은 산으로 갑니다.

조직의 목적을 정확히 알아야 하는 이유는 리더가 자신과 팀원들이 해야 할 숙제를 알아야 하기 때문입니다. 조직의 목적을 파악하면 리더는 자신이 풀어야 할 숙제를 발견하고 정의 내릴 수 있습니다. 조직의 존재 목적이 수익이라면 수익을 내기 위한 숙제를 찾을 것이고, 조직의 존재 목적이 봉사라면 봉사를 할 수 있는 숙제를 찾을 것입니다. 조직의 손가락이 어디를 가리키는지 리더가 정확히 알고 그곳으로 가기 위해 해내야 할 숙제를 아는 것은 리더가 성과에 도달하는 첫걸음입니다.

이때 리더는 '성과'와 'KPI(핵심성과지표)'를 혼동해서는 안 됩니다. 진짜 리더들은 KPI를 달성하자고 하지 않습니다. 그보다는 우리가 원하고 목적하는 결과를 달성하자고 하지요. 성과는 미래지향적인 것입니다. 반면에 KPI는 과거지향적입니다. KPI는 과거의 성과를 숫자로 표현한 성적표일 뿐입니다. 성적이 성과는 아닙니다. 성과는 앞으로 이룰 목표에 가깝습니다. 그래서 저는 성과라는 말 대신에 '숙제'라는 말을 사용함으로써 미래성을 더했습니다. 리더는 앞으로 할 일, 즉 '숙제'를 명확히 파악해야 합니다. 한편, 리더는 팀원들에게 숙제를 제시하는 일을 끊임없이 진행해야 합니다. 만약 숙제가 끊어지면 아무리 이전에 부여된 숙제를 잘 해냈어도 팀원들은 무기력과 허탈감에 빠집니다.

1인 기업가이자 제 삶의 리더로서 2024년 저에게 스스로 부여한 숙제는 제 강연이 공인받는 자리를 만드는 것이었습니다. 많은 강연을 했지만, 기념비적인 강연을 꼭 한 번 하고 싶었지요. 나 스스로를 '한국의 사이먼 시넥'이라고 여기고 인상적인 리더십 강의를 하고 싶었습니다. 그러다 2024년 9월 초 삼성전자에서 1,000명에 가까운 리더들을 대상으로 강연할 기회가 생겼습니다. 강연장은 굉장히 큰 공연장 같았고, 오래간만에 객석이 꽉 찬 무대에서 강연을 했습니다. 저는 올해 저만의 숙제를 해낸 것이 무척 뿌듯했습니다. 리더의 숙제는 계속되어야 하기에 저는 지금 내년의 숙제를 열심히 궁리 중입니다.

리더가 도달하는 방법 2
구멍을 메워라

리더의 성과를 이루는 업무 중에는 협상도 있습니다. 협상은 내가 원하는 것과 상대가 원하는 것을 서로 얻기 위해, 최대한 창의적인 대안을 교환하여 최적의 결과를 만들어 내는 것입니다. 따라서 원활한 협상이 되려면 내가 원하는 것과 상대가 원하는 것이 정확히 무엇인지 정리하는 작업부터 이루어져야 합니다. 협상에서는 서로가 원하는 것을 파악하고 얼마나 수용할지를 혹은 얼마나 거절할지를 판단하는 중요한 기준이 있습니다. 이 기준을 우리는 '배트나(BATNA)'라고 부릅니다. 배트나는 구체적이고 실현 가능성이 높을수록 나에게 힘을 주고, 협상에서 더 나은 위치에 서게 해줍니다.

협상은 막다른 골목에서 배수진을 치고 심각하게 대립하는 자리가 아닙니다. 사실 협상은 서로가 적절히 위험도 감수하고 창의적인 대안도 궁리해서 양자가 만족스러울 수 있는 새로운 결과를 창조하는 과정입니다. 당연한 말이지만 협상을 할 때는 내게 힘이 있어야 유리합니다. 여기서 힘이라고 하면 상대와 신랄하게 각을 세우는 모습이 얼핏 떠오르는데, 사실 힘은 정보일 수도, 소통 기술일 수도, 그간 쌓아 놓은 관계일 수도 있습니다.

이렇게 복잡한 협상을 성사시키기 위해 조직 내에서는 팀이 꾸려집니다. 협상의 목적, 협상의 조건, 협상에서 우리가 가진 배트나 등 이 모든 것이 합쳐진, 우리만의 힘을 쓸 수 있는 협상팀이 만들어지는 것이지요. 그런데 팀이 구성된다고 해도 협상의 진도가 안 나가는 경우가 있습니다. 이런 경우를 잘 들여다보면 상대의 문제가 아닙니다. 협상팀 내부에 구멍이 많을 경우 상대가 어떠한지와 무관하게 협상이 삐거덕대기 시작합니다. 가령 기술, 법무, 영업, 전략, 생산 등 관련 분야의 팀원들이 들어와야 하는데 인적 구성에 구멍이 생겼을 때, 인적 구성은 완벽하더라도 팀원들이 하나의 목적으로 뭉치지 못하고 동상이몽을 할 때 등이 그렇습니다.

리더가 성과에 도달하기 위해서는 바로 이러한 구멍, 간극, 갭, 틈새를 메워야 합니다. 팀 내에 생긴 틈을 그대로 두면 팀은 자체 균열로 스스로 무너집니다. 리더는 팀원과 조직 사이, 혹은 팀원과 팀원 사이의 간극을 채워주는 역할을 해야 합니다.

흔히 소방수형 리더라고 해서 불(문제 상황)이 나면 바로 불을 끌 줄 아는 리더를 훌륭하다고 칭하는데, 사실 소방수형 리더는 성과에는 도달하기 어렵습니다. 그는 다만 당면한 문제를 급히 해결했을 뿐입니다. 리더는 그보다 불이 나기 전에 불씨를 치우고, 소화기도 미리 갖다 놓는 등 만반의 준비를 해서 처음부터 불이 나지 않게 방지해야 합니다. 빈틈을 메꾸어 구멍이 생기지 않게 단단히 꿰매는 봉합형 리더가 되어야 그가 이끄는 팀이 성과에 도달합니다.

리더가 도달하는 방법 3

빼고 버려라

피터 드러커가 말했듯이 세상에서 가장 쓸데없는 짓은 안 해도 될 일을 잘하는 것입니다. 성과를 올린다는 것은 결국 한정된 시간과 에너지를 가장 효율적으로 분배하여 최고의 목표에 도달한다는 뜻입니다. 그런 맥락에서 리더의 시간 관리는 무척 중요합니다. 자신에게 주어진 시간만 잘 써도 리더는 자신의 역할을 썩 잘해낼 수 있습니다.

시간 관리는 기술적 접근이 아니라 철학적 접근을 필요로 합니다. 단순히 시간을 물리적으로 배분을 잘하는 문제가 아니라 어떤 문제에 얼마만큼의 가치를 부여할지에 대한 판단 문제이지요.

리더의 에너지도 마찬가지입니다. 에너지는 인간이 활동하는 데 드는 근원적인 힘입니다. 에너지가 많은 리더는 있어도 에너지가 무한정인 리더는 없습니다. 에너지도 시간처럼 가치 판단을 잘해서 적절히 배분해 사용해야 합니다. 작가인 제 경우를 예로 들자면 사람이 하루에 글을 쓸 수 있는 시간과 에너지는 정해져 있더군요. 아무리 골프를 좋아해도 하루에 54홀 이상은 돌기 힘든 것도 한정된 시간과 에너지 때문입니다. 리더가 자신의 시간과 에너지를 얼마나 잘 쓰는가는 도달의 핵심 포인트입니다.

이러한 맥락에서 리더는 빼고 버리는 데 능해야 합니다. 스마트한 리더는 상황을 유연하게 조정하고, 가차 없는 선택을 할 줄 알아야 합니다. 또한 조직과 팀원, 그리고 본인을 위해서라도 안 될 일에 미련을 가지거나 집착하지 말아야 합니다. 잘 풀리는 리더들은 때로 무모하고 냉혹해 보일지라도 기존 사업을 철수하거나 매각합니다. 그러한 리더들은 다양한 관점과 경험을 통해 효율성과 수익성이 떨어지는 사업은 미련을 가지고 붙잡고 있을수록 조직과 팀원에게 손해가 된다는 점을 알고 빠르게 손절하는 과단성을 갖고 있습니다. 리더는 뺄셈과 버리기, 포기하기를 반복하며 조직의 목적을 계속해서 최적화해야 합니다. 좋지 못한 끝을 맞이한 리더들은 주변에서 말려도 무슨 이유에선지 자신의 관점을 고집합니다. 그러다가 성공하는 경우도 더러 있지만, 대개는 잘못된 셈법으로 결국 손실이 발생합니다.

리더가 도달하는 방법 4
감정을 리더십의 도구로 만들어라

리더에게 철인적(鐵人的) 감정을 요구하는 경우를 종종 봅니다. 감정에 휩쓸리지 말고 늘 평정의 상태를 유지하라는 주문이 그중 하나이지요. 시중에 출간된 일부 리더십 책들을 다 읽고 나면 '완벽한 인간이 되라는 말인가?' 싶어서 숨이 막힐 정도입니다. 하지만 리더도 평범한 사람일 뿐 성인(聖人)일 수는 없습니다. 인간에게는 소위 '7정'이라 부르는 욕구가 있습니다. '희로애구애오욕(喜怒哀懼愛惡慾)'이 그것입니다. 인간이라면 누구나 기뻐하고, 화를 내고, 슬퍼하고, 두려워하고, 사랑하고, 미워하고, 욕심을 냅니다. 리더에게 이와 같은 감정에 휘둘리지 말라는 조언은 비현실적이기도 하고, 리더십을 발휘하는 데도 큰 도움이 되지 않습니다.

제가 지금까지 만나본 훌륭한 리더들은 오히려 자신의 감정을 솔직하게 표현하는 사람들이었습니다. 여기서 감정을 표현하라는 말은 때와 장소를 불문하고 자기 마음이 가는 대로 행동하라는 의미가 아닙니다. 그보다는 리더 스스로 자기 내면의 흐름을 잘 살펴서 진솔하게 행동하라는 주문에 가깝습니다. 쉽게 말하자면 자신의 감정을 존중하라는 말입니다. 가령 리더가 어떤 일에서 성과를 올림으로써 성취감을 느꼈다면 그 기쁨을 혼자만 누릴 것이 아니라 팀원들과 함께 나누고 공을 돌려야 그것이 팀원들의 보람으로 치환됩니다. 일이 안 풀릴 때도 마찬가지입니다. 문제를 해결해 내지 못하는 상황에 화도 나고 경쟁심도 느껴야 더욱 분발해서 궁극에는 성과에 도달합니다. 자기 내면의 불편한 감정을 모른 척하면 문제 상황을 해결할 의지를 낼 수 없습니다. 그저 회피할 뿐이지요.

리더는 제대로 미워할 줄도 알아야 합니다. 언젠가 유튜브 방송에 출연해 인간관계의 손절에 관해 말한 적이 있는데 200만 이상의 조회수를 기록한 적이 있습니다. 그만큼 관계의 손절에 대해 많은 사람이 관심을 가지고 있다는 뜻인데요. 우리는 흔히 인연을 끊는 것, 손절하는 것을 부정적으로 보는 경향이 있습니다. 하지만 앞에서도 말했든 리더의 시간과 에너지는 한정적입니다. 이를 효율적으로 잘 활용하려면 자신의 에너지를 소모시키는 불필요한 관계는 끊어낼 줄도 알아야 합니다. 반대로 리더는 기꺼이 '미움 받을 용기'도 지녀야 합니다. 좋은 말만 듣고 싶으면 리더의 자리에 있을 자격이 없습니다. 싫은 소리도 해가며 팀원들을 이끌어야 하는 게 리더의 숙명이기 때문입니다.

리더는 욕심이 많고 욕망도 강해야 합니다. 그것이 일을 추진하는 원동력으로 작용하기 때문입니다. 프로 리그에서 살아남기 위해 고군분투하는 프로 축구팀의 이야기를 담은 영화 〈애니 기븐 선데이(Any Given Sunday)〉에서는 감독 역할을 맡은 배우 알 파치노가 락커룸에서 선수들에게 "인치 바이 인치(Inch by Inch)로 한 걸음이라도 더 전진하자."라고 독려하는 장면이 나옵니다. 이처럼 리더는 성과에 도달하겠다는 건강한 욕심을 가지고 하루에 1센티미터라도 전진해야 합니다.

그러나 리더가 절대 가지면 안 되는 감정이 딱 하나 있습니다. 그것은 바로 '안심(安心)'입니다. 리더가 근심 걱정 없고 편안한 마음을 갖는 순간, 그가 이끄는 조직은 느슨해집니다. 그렇다고 해서 불안에 빠져 안달복달하는 것도 문제이지만, 둘 중 하나를 고르라면 차라리 불안을 동력 삼아 앞으로 나아가는 편이 리더에게는 더 나은 선택지입니다. 리더가 마음을 놓고 방심하는 순간, 조직과 팀원은 현재에 안주하게 되어 버리고 성과에 도달하는 것은 영영 불가능해집니다.

리더가 도달하는 방법 5
실패를 성장의 자산으로 바꿔라

제가 승진을 하게 된 이들에게 항상 하는 얘기가 있습니다. "모든 승진은 선불입니다." 잘나가는 조직은 구성원들로 하여금 승진을 선불로 인식하게 합니다. 그간 해온 것을 보니 앞으로도 잘할 것 같아서 믿고 높은 자리로 올려주는 것이지요. 반면에 안 풀리는 조직은 승진을 후불로 생각하게 합니다. '그동안 수고했으니까.', '그동안 잘했으니까.' 하고 그에 대한 보상의 차원에서 승진을 시켜주는 것이지요.

대가로 승진하게 된 리더는 과거에 자신이 성공한 방식을 답습할 확률이 높습니다. 반면 선불의 개념으로 승진하게 된 리더는 자신이 받은 기대감에 부응하기 위해 조직을 성과에 도달하게 할 새로운 방법을 궁리하려고 합니다. 지금까지 해온 것보다 더 잘하고 싶기 때문입니다.

리더가 과거의 성공에 집착하는지 여부는 성과에 도달할 수 있는지 여부를 결정하는 데 커다란 영향을 미칩니다. 많은 리더십 책들이 리더들에게 '과거의 성공은 잊어라.'라고 조언합니다. 이것도 틀린 말은 아닙니다. 하지만 저는 여기에서 한발 더 나아가 '과거의 실패만 기억하라.'라고 말하고 싶습니다. 이는 실패한 경험에 집착하며 후회하라는 말이 아닙니다. 실패한 프로젝트의 전체 과정은 물론이고 실패를 초래한 결정적인 순간을 모두 기억해 왜 실패라는 결과에 도달했는지를 제대로 파악하라는 뜻입니다. 그래야 같은 실수를 반복하지 않을 테니까요.

제가 리더로서 성과에 도달했을 때는 지난 성공을 기억해 반복했을 때가 아니라 안 풀린 시절을 떠올리고 되새김질했을 때였습니다. 성공에 매달려 있는 것은 구름 위에 떠 있는 것과 마찬가지입니다. 리더라면 허공에 붕 떠 있지 말고 실패로 다져진 단단한 땅 위에 발을 딛고 서 있어야 합니다.

리더가 도달하는 방법 6
매일이 달라야 한다

리더가 의미 있는 성과에 도달하려면 매일이 달라야 합니다. 어제와 같은 날이 단 하루도 없어야 합니다. 일신우일신(日新又日新) 해야 하는 것이지요. 리더라면 1초 전에 밟은 땅을 지금도 밟고 서 있으면 안 됩니다. 매일 1센티미터라도 앞으로 전진해야 합니다. 가령 여러분이 시장에서 물건을 파는 상인이라고 칩시다. 어제 하루를 돌아보니 매상이 변변치 않았습니다. 그렇다면 오늘은 어떻게 해야 할까요? 어제와 똑같은 상품, 어제와 똑같은 진열로는 손님을 끌 수 없습니다. 가판대 앞에 특별 할인이라고 쓴 종이를 올려둔다든지, 상품 진열 방식을 바꾸든지, 어제와는 다른 방식의 접근이 필요합니다.

물론 이런 시도가 시장에서 먹히지 않을 수도 있습니다. 하지만 적어도 어제와 다른 시도를 했다는 성과는 있습니다. 내가 새로운 무언가를 해보았고, 그것에 대한 시장의 반응을 살필 수 있었으니까요. 조직의 업무를 리드할 때도 마찬가지입니다. 매일 조금씩 다른 변화를 주면서 업무의 진행 상황을 점검하고 조직과 팀원의 반응을 살피며 더 나은 방향으로 일을 끌고 가야 합니다.

리더는 어제와 다른 오늘을 창조해야 합니다. 조직과 나와 팀원이 목표에 도달할 수 있다면 지금까지 준수해오던 규칙도 과감히 바꿔야 합니다. '변화'와 '혁신'이라는 말은 조직에서 늘 언급되는 단골 용어입니다. 그런데 자주 남발되는 만큼 이 말에는 힘이 없습니다. 변화와 혁신에 힘이 들어가려면 매일의 업무 현장에서 진짜 변화를 추구해야 합니다. 영화 〈그라운드호그 데이(Groundhog Day)〉에서는 특정한 하루가 무한히 반복됩니다. 주인공은 매일 같은 시간에 깨서 같은 사람들을 같은 순서대로 만납니다. 리더의 삶이 이래서는 안 됩니다.

2024년 파리올림픽 태권도 종목에서 금메달을 딴 김유진 선수는 매일 두 시간씩 총 2만 번의 발차기를 연습했다고 합니다. 저는 김 선수의 발차기가 매일 똑같았을 것이라고 생각하지 않습니다. 방향과 속도, 힘을 다르게 변형하며 자기만의 강력한 발차기를 완성했기에 금메달리스트로 우뚝 섰을 것이라고 생각합니다. 이처럼 같은 일을 하더라도 매번 새롭게 접근하며 자신의 스타일을 찾아가는 리더만이 탁월한 성과에 도달합니다.

리더가 도달하는 방법 7
페이스메이커를 곁에 두어라

리더도 사람이다 보니 때로는 정신이 해이해지기도 하고 나태해질 때도 있습니다. 이럴 때 곁에서 자신을 독려해 주고 일으켜 세워주는 버팀목이 있으면 정신과 마음을 추스르고 다시 앞으로 나아갈 힘을 얻습니다. 이런 존재를 '페이스메이커(Pacemaker)'라고 부릅니다. 본래 페이스메이커는 중거리 이상의 달리기 경주를 하거나 자전거 경기를 할 때 기준이 되는 속도를 만드는 선수를 가리킵니다. 즉, 페이스메이커는 '곁에서 함께 달리는 사람'이라는 의미와 더불어 '(일의) 속도를 조절해 주는 사람'을 가리킵니다.

속도는 리더가 팀을 이끌며 일을 해 나갈 때 정말 중요한 요소입니다. 리더가 팀원들의 일하는 속도를 고려하지 않고 혼자서 앞서나가도 안 되고, 갑작스럽게 업무에 브레이크를 걸고 급정거를 해서도 안 됩니다. 리더는 팀원들의 상황과 조직의 상태를 두루 헤아려 '한 팀'이 되어 발을 맞춰 나가도록 이끌어야 합니다.

그렇다면 누가 리더의 페이스메이커 역할을 할 수 있을까요? 가장 가까운 페이스메이커는 팀원들입니다. 우리는 보통 리더와 팀원의 관계를 리더십과 팔로워십의 관계로만 생각합니다. 리더는 앞에서 끌고 팀원은 뒤에서 따라가는 선후의 순서적 관계로만 파악하는 것이지요. 하지만 제가 생각할 때 진정한 리더십과 팔로워십은 리더와 팀원이 같이 뛰어들었을 때 제대로 발휘될 수 있다고 봅니다.

줄다리기 경기를 한번 생각해 보세요. 리더라고 해서 무조건 맨 앞줄에 서서 줄을 당기지는 않습니다. 줄다리기 경기를 할 때 맨 앞자리는 순간적으로 근력을 발휘해서 줄을 세게 당길 수 있는 사람이 차지합니다. 뒤로 갈수록 잘 버티는 지구력 강한 선수들이 서게 되고요. 이때 리더는 이들 사이에서 자리를 잡고 앞뒤 선수들을 아우르며 전략을 전달하고 사기를 북돋웁니다. 만일 리더의 힘이 세다면 그가 앞에 올 수도 있고, 리더의 지구력이 좋다면 뒷자리에 설 수도 있겠지요. 리더는 팀의 전략과 상황에 따라 어디에든 설 수 있는 만능 플레이어입니다. 이 줄다리기 경기에서 리더의 페이스메이커는 함께 줄다리기를 하는 선수 전부입니다. 축구에서 주장이라고 해서 맨 앞에서 뛰지 않듯, 늘 상대편 골대 앞에 있지 않듯, 리더들도 자신이 가장 적당한 위치에 서 있어야 합니다. 그때 이 리더들의 페이스메이커는 함께 일하는 팀원들입니다.

그렇다면 꼭 아군만 리더의 페이스메이커일까요? 아닙니다. 경쟁자도 리더의 페이스메이커 역할을 합니다. 모든 조직의 바람은 '빠르고 크게 성장하는 것(Grow Fast and Big)'이라고 생각됩니다. 그런데 리더의 시선이 자신의 팀에만 머물러 있으면 리더 자신을 포함해 팀과 조직이 얼마나 빠르게 움직이고 있는지, 시장의 평균적인 속도보다 빠른지 느린지 알 수가 없습니다. 속도라는 것은 상당히 상대적인 개념이기 때문입니다. 내가 똑같이 시속 40킬로미터로 주행한다고 해도 고속도로에서라면 거북이 운행이라는 소리를 들을 것이고, 어린이보호구역에서라면 속도위반이 될 수 있습니다. 즉, 조직의 리더는 자신의 업무 속도를 자의적으로 판단할 것이 아니라 같은 업계의 경쟁자들과 견주며 자신과 자신이 이끄는 조직의 속도를 판단해야 합니다. 이때 경쟁자들은 페이스메이커의 역할을 한다고 볼 수 있겠지요.

가령 일본의 피겨 스케이팅 선수인 안도 미키와 아사다 마오에게는 김연아 선수가 페이스메이커였을 것입니다. 이는 리더들이 라이벌이나 경쟁자를 곁에 두어야 하는 이유이기도 합니다.

그렇다면 업계의 경쟁자가 없을 정도로 압도적인 지위를 확보한 리더나 조직이라면 어떻게 해야 할까요? 그때도 지금의 자리에 안주해서는 안 될 것입니다. 더 높은 성과에 도달하고자 한다면 새로운 시장으로 건너가 새로운 경쟁자를 만들거나 자기 자신을 새로운 경쟁자로 삼아야 합니다. 이렇게 자신의 내부와 외부에 두루 페이스메이커를 두었을 때, 역량의 수준을 갱신하고 한층 더 발전할 수 있습니다.

리더가 도달하는 방법 8

닥치고 공부하라

저는 스무 살 이후로 줄곧 법학과 경영학만 공부했습니다. 전형적인 문과생이지요. 학력고사를 준비하던 수험생 시절에도 수학과 과학 등 이과 영역에는 영 소질이 없었습니다. 심지어 가전제품 하나 제대로 조립하는 것도 어려워합니다. 그럼에도 불구하고 오랫동안 여러 기업에서 일하는 동안 기술, 즉 테크놀로지가 갈수록 중요해지고 있음을 뼈저리게 느낍니다. 예전에는 기술은 기술자들, 테크니션들이 담당하면 그만이었습니다. 하지만 세상이 바뀌었습니다. 이제는 의사결정을 하는 리더들도 기술에 대해 장악하고 있어야 합니다. 기술의 수준이 산업의 판도를 리드하는 세상이 되었기 때문입니다.

2024년 2월, 세계 최고의 회계법인이자 컨설팅펌 중 하나인 딜로이트글로벌(Deloitte Global)과 세계적인 경제지 《포춘(Fortune)》은 '글로벌 CEO 서베이'를 통해 전 세계 CEO 107명을 대상으로 설문 조사를 실시했습니다. 그 결과 업무 자동화 부문에 생성형 AI를 채택 중이라고 대답한 CEO가 58퍼센트에 달하고, 자동화 영역 외에도 생성형 AI를 도입할 계획이 있다는 CEO도 48퍼센트에 육박했습니다. 이미 조직의 운영에 인간의 노동력을 넘어서서 고도화된 AI 기술력이 도입되고 있는 상황인 것입니다.

기술의 중요성에 대해 서두에서 길게 이야기한 이유는 공부의 중요성을 말하기 위해서입니다. 핀란드의 지능 테스트 기관인 윅트콤(Wiqt-com)에 따르면 한국인의 평균 지능지수(IQ)는 110.80으로 세계에서 다섯 번째로 높다고 합니다. 이렇게 우수한 지능을 가진 한국인이기에 공부하는 데 필요한 기본 조건을 충분히 가졌다고 할 수 있겠습니다.

그렇다면 무엇이 글로벌 리더들과 한국인 리더들의 인사이트 격차를 만들까요? 바로 공부의 절대량입니다. 한국의 리더들은 지속적으로 공부할 시간이 별로 없어 보입니다. 모임 자리가 참 많기 때문입니다. 그러다 보니 모든 공부를 '순간이동'처럼 하게 됩니다. 그런데 21세기의 기술 발전의 속도를 보면 벼락치기 공부로는 따라갈 수 없을 만큼 놀라운 속도로 발전하는 중입니다.

기술의 발전에 발 맞춘 공부가 점차 중요해지는 이유는 기술 그 자체에 대한 학습뿐만 아니라 기술의 발전에 따라 조직에 필요한 사람의 역량도 달라지기 때문입니다. 즉, 기술의 발전은 새로운 역량을 요구합니다. 그러니 먼저 기술을 알아야 합니다. 그렇지 않으면 일자리를 보전하기도 어려울 뿐만 아니라, 높은 수준의 임금을 받을 기회도 줄어듭니다. 이는 리더들에게도 해당하는 지적입니다.

그렇다면 기술만 공부하면 될까요? 아닙니다. 리더라면 사람에 대해서도 공부해야 합니다. 기술의 발전에 따라 조직이 원하는 인재상도 바뀌고 있습니다. 2024년 6월, 한국은행이 발표한 "BOK 이슈노트-노동시장에서 사회적 능력의 중요성 증가"라는 제목의 연구에 따르면 협업하고 소통하는 '사회적 능력'이 높은 사람일수록(High Social) 더 높은 임금을 받을 가능성이 크며 일할 기회 또한 증가한다고 합니다. 대한상공회의소에 따르면 2008년 국내 100대 기업의 인재상 순위에서는 '소통과 협력'이 5위를 차지했지만, 2023년에는 이 항목이 3위로까지 올라갔습니다. 이는 인간 본성에 대한 깊이 있는 이해가 더욱 중요해지고 있음을 시사합니다.

현대 사회에서는 여러 가지 격차가 존재합니다. 리더의 효율성을 따질 때에 중요한 격차 중의 하나는 기술 활용 능력의 차이를 의미하는 '테크 디바이드(Tech Divide)'이고, 다른 하나는 대인 관계와 협업 능력의 차이를 나타내는 '휴먼 디바이드(Human Divide)'입니다. 여기서 '디바이드'는 '구분'이라는 의미 외에 '격차'의 의미도 포함합니다.

기술을 잘 사용하지 못하는 리더와 잘 사용하는 리더, 팀원과 함께 일을 잘하는 리더와 그렇지 못한 리더 사이에 효율과 성과의 격차가 커지고 있는 시대입니다. 그러므로 높은 성과에 도달하고 싶은 리더라면 사람과 기술에 대한 공부를 지속적으로 많이 해야 합니다. 일하느라 공부할 시간이 없다는 리더는 공부도 업무의 범주인 것을 모르는 리더입니다. 배움의 차이가 결국 업무 성과의 차이로 돌아온다는 사실을 리더는 꼭 알아야 합니다.

리더가 도달하는 방법 9

안정적 루틴과 초몰입으로 '워라조' 하라

요즘 '워라밸'이 주목받고 있습니다. 워라밸은 '워크 라이프 밸런스(Work Life Balance)'의 줄임말로 일과 삶의 균형을 가리킵니다. 그런데 리더가 워라밸을 추구하는 것이 과연 맞을까요? 사실 많은 리더들이 지독한 워커홀릭 성향을 보입니다. 반면에 팀원들은 전반적으로 워라밸을 중요시하는 문화가 널리 퍼져 있습니다. 리더 입장에서는 일을 지독히 해야 성공하는데, 팀원들은 일과 개인 생활의 균형을 갖추고자 하니 두 문화가 충돌하게 됩니다. 다소 모순적으로 들리실지 모르겠지만, 저는 둘 다 옳은 관점이라고 생각합니다. 일을 할 때는 죽을 둥 살 둥 악바리 같이 해야 하는 게 맞습니다. 한편 일과 개인 생활의 조화를 이루는 것도 타당합니다.

그렇다면 사뭇 충돌하는 두 가치는 어떻게 양립할 수 있을까요? 저는 그것을 '워라밸'이 아니라 '워라조(조화)'에서 찾습니다. 일과 삶의 '균형'이 아니라 '조화로움'에 포인트를 준 것이지요. 균형과 조화는 언뜻 비슷한 말 같지만 사실 다른 의미를 지녔습니다. 균형이 어떤 중간 지점, 어느 한편에 치우치지 않음을 강조한다면, 조화로움은 상황에 따른 유연함을 강조한 개념입니다. 일을 할 때는 전력으로 다 하되 개인 생활에서의 안락함은 그것대로 취하며 제대로 쉬는 것. 그것이 제가 말하는 '워라조'입니다. 단순히 업무 시간과 개인 시간의 비중을 비슷하게 맞추는 정도가 아니지요.

그렇다면 '워라조'를 추구하려면 어떻게 해야 할까요? 제가 제시하는

답은 바로 '루틴(Routine)'과 '초몰입'입니다. 리더로서 주어진 업무를 잘 해내려면 자신만의 일상 루틴을 유지해야 합니다. 정해진 일상 루틴은 수많은 과업에 시달리는 리더에게 에너지를 비축할 수 있는 든든한 기둥으로 작용합니다. 앞에서 리더의 도전 성공 사례로 언급했던, 치폴레 멕시칸 그릴의 CEO 브라이언 니콜의 사례를 한번 들여다보겠습니다. 그는 '오전 6시 기상, 7시 헬스 및 자녀 등교 도움, 8시 30분 출근, 10시 전일 업무 보고 미팅, 12시 점심, 오후 전략 회의, 6시 퇴근, 7시 강아지 산책 및 TV 시청, 30분 간 독서 후 취침'이라는 루틴을 줄곧 지켜오고 있다고 합니다.

글로벌 기업의 CEO이니 종일 일만 할 것 같지만 그의 루틴을 들여다보면 자신의 건강을 돌보는 루틴을 비롯해 가족을 위한 시간, 공부를 위한 시간 등을 적절히 안배하며 매일을 보냅니다. 이 시간들은 그가 업무 보고를 받고 전략 회의를 하는 등 전력을 다해 일한 시간, 즉 '초몰입' 하며 일하는 동안 소진해 버린 에너지를 보충하는 시간일 것입니다. 링 위에서 치열하게 싸우는 권투선수들도 3분마다 자기 자리로 돌아와 1분간 쉽니다. 그렇게 쉬고 난 뒤에는 다시 링에 올라 상대방과 뜨거운 한판승을 펼치며 권투선수로서의 커리어에 몰입합니다. 저는 리더의 매일도 이와 같이 운용되어야 한다고 생각합니다. 안정적인 루틴을 커다란 줄기로 삼아 하루를 계획하되 업무 시간으로 배정한 구간에서는 초몰입을 통해 시간 대비 효율을 최상으로 끌어올리는 것. 이것이 24시간이 모자랄 만큼 바쁜 리더가 자신을 소모하지 않으면서도 커다란 성과에 도달하도록 이끌어 줄 힘으로 작용할 것입니다.

리더의 도달 사례 1

오픈AI CEO 샘 올트먼

인공지능 시대의 혁신을 주도하고 있는 기업 오픈AI의 CEO 샘 올트먼
(Samuel Altman)도 리더의 도달을 보여주는 좋은 사례입니다. 그는 인공
지능을 대중화하고, 테크 기업들의 기술력을 획기적으로 업그레이드시
킨 테크 리더 중의 리더입니다. 그는 1985년에 시카고에서 태어나 여덟
살 때부터 코딩을 배우며 컴퓨터 천재로서의 삶을 시작했습니다. 그 역
시 앞서 이야기했던 여느 테크 리더들처럼 스탠퍼드대학교를 중도에 자
퇴하고 열아홉 살에 위치 기반 소셜 네트워킹 앱 '루프트(Loopt)'를 공동
창립했습니다.

샘 올트먼은 앞에서 소개한 오타니 쇼헤이의 만다라트처럼 자신만의
성공법 열세 가지를 그의 블로그에서 소개하고 있습니다. 그중 리더의
도달과 관련해 인사이트를 주는 항목은 다음과 같습니다.

거의 지나칠 정도로 자신을 믿어라

(Have almost too much self-belief)

자신을 믿는 힘은 엄청나다. 내가 아는 가장 성공한 사람들은
자신을 거의 망상에 가까울 정도로 믿었다. 이런 자신감을 일
찍부터 길러야 한다. 판단력이 좋고 꾸준히 성과를 낼 수 있다
는 것을 점점 더 많이 확인할수록 자신을 더 신뢰하게 될 것이
다. 자기 신뢰는 자기 인식과 균형을 이뤄야 한다.

위험을 감수하기 쉽게 만들어라
(Make it easy to take risks)

대부분의 사람들은 위험을 과대평가하고 보상을 과소평가한다. 위험을 감수하는 것은 매우 중요하다. 왜냐하면 항상 옳을 수는 없기 때문이다. 많은 것을 시도하고 배우면서 빠르게 적응해야 한다. 커리어 초반에는 위험을 감수하는 것이 더 쉬울 수 있다. 잃을 것이 많지 않고, 얻을 수 있는 것이 많을 가능성이 있기 때문이다. 기본적인 의무를 충족시킬 수 있을 만큼의 안정성을 갖춘 후에는 위험을 감수하기 쉽게 만들어야 한다. 잘못됐을 때는 1배의 손실을 보지만, 성공하면 100배의 보상을 받을 수 있는 작은 도전을 찾아보라. 그런 다음 그 방향으로 더 큰 도전을 하라.

집중하라(Focus)

집중은 일의 효과를 배가시켜 준다. 많은 시간을 들여 일하는 것보다 중요한 것은 옳은 일에 집중하는 것이다. 무엇을 해야 할지 결정했으면, 우선순위에 둔 몇 가지 중요한 일들을 빠르게 끝내기 위해 멈추지 말고 달려가라. 내가 지금까지 만난 성공한 사람들 중에서 느긋하게 일하는 사람은 없었다.

열심히 일하라(Work hard)

스마트하게 일하거나 열심히 일하면 당신 분야에서 상위 10퍼센트 정도까지 도달할 수 있다. 그것만으로도 훌륭한 성취다. 하지만 상위 1퍼센트에 도달하려면 둘 다 필요하다. 번아웃 없이 열심히 일하는 방법을 찾아야 한다.

강한 의지를 가져라(Be willful)

사람들은 엄청난 일을 성취할 수 있는 능력을 가지고 있다. 자기를 의심하고 너무 일찍 포기하며 충분히 강하게 밀고 나가지 않기 때문에 대부분의 사람들이 자신의 잠재력에 전혀 다다르지 못한다. 당신이 원하는 것을 요구하라. 대부분의 경우, '이 일이 성공할 때까지 계속할 것이고 어떤 도전이 오더라도 해결 방법을 찾겠다.'라고 말하는 사람들이 성공한다. 그들은 운이 자신에게 유리하게 돌아설 수 있는 기회를 얻을 만큼 충분히 오래 끈질기게 버틴다. 의지를 강하게 하려면 낙관적이어야 한다. 나는 매우 성공한 비관주의자는 만나 본 적이 없다.

정리하자면 올트먼의 성공 비법은 자신을 믿고, 위험을 감수하고, 집중하고 열심히 일하고, 의지를 가지는 것입니다. 정상에 도달한 테크 리더다운 진솔한 조언입니다. 이런 그의 커리어에도 굴곡이 있었습니다. 올트먼도 스티브 잡스처럼 자신이 창업한 회사 오픈AI에서 퇴출되기도 했습니다. 결국 그는 경영 일선에 복귀했지만, 이를 통해 그가 늘 자신의 조직과 동료들과 조화를 이루었던 것은 아님을 추측할 수 있습니다. 하지만 이런 관계의 문제는 인간이라면 누구나 겪을 수 있는 문제가 아닐까 싶습니다. 그가 만든 인공지능 챗GPT의 입력창 밑에도 이런 말이 쓰여 있습니다. "챗GPT는 실수를 할 수 있습니다. 중요한 정보를 확인하세요." 기업의 리더도 인간이기에 커리어에서나 인간적으로나 흠결이 없을 수는 없습니다. 기억할 것은 경영 현장에서 가장 중요한 것이 리더가 도달한 성과라는 사실입니다.

리더의 도달 사례 2
엔비디아 CEO 젠슨 황

리더의 도달에 관해 최고의 리더를 꼽으라면 저는 주저하지 않고 엔비디아(NVIDIA)의 CEO 젠슨 황(Jensen Huang)을 선택하겠습니다. 그는 어린 시절 대만에서 미국으로 건너가 고생을 정말 많이 한 테크 리더입니다. 미국에서 태어난 다른 테크 리더들과 달리 젠슨 황은 이민자의 설움과 경제적 어려움을 온몸으로 겪은 입지 전적의 인물입니다. 그는 미국에서 이민자 2세로서 서른 살의 나이에 창업을 했고, 현재까지 31년째 리더 자리를 수성 중입니다. 이 점만 보아도 그가 리더로서 어떠한 목표에 도달했고 그것을 유지하는 힘이 얼마나 강한지 충분히 짐작할 수 있습니다.

그가 겪은 유년의 어려움은 그가 이후에 큰 조직을 끌어가며 성과에 도달하는 데 큰 힘이 됐습니다. 겪은 첫 시련은 어릴 때 삼촌이 켄터키주에 있는 공립학교를 명문학교로 알고 그를 그곳에 보낸 데서 시작됐습니다. 그는 그 학교에서 급우들에 의해 온갖 고생을 하면서도 오히려 그들에게 공부를 가르치며 친구를 만들었습니다. 훗날 한 회고에서 학교 화장실 청소를 자기보다 많이 한 사람이 없을 것이라고 할 정도로 그에게 힘든 시간이었습니다. 이후 오리건주로 이주한 그는 경제적 어려움 속에서도 열여섯 살에 고등학교를 조기 졸업하고 '데니스'라는 식당에서 웨이터로 일하며 생계를 이어나갔습니다. 그러나 배움에 대한 열망이 있었던 젠슨 황은 오리건주립대학교에서 입학해 전기공학 학사를, 스탠퍼드 대학교에서 전기공학 석사 학위를 취득했습니다. 그는 스탠퍼드 대학교를 졸업한 후 1993년 엔비디아를 공동 창립합니다. '엔비디아'는 라틴어로 '모든 사람이 부러워하는 것'이라는 뜻입니다. 지금에 와서 그 이름을 다시 돌아보면 그는 정말 모든 사람이 부러워하는 회사를 창업한 것이지요.

현재 시가총액 4조 달러를 바라보는 글로벌 기업 엔비디아도 심각한 위기를 겪었던 시절이 있었습니다. "우리 회사는 영업 중단까지 30일 남았습니다(Our company is thirty days from going out of business)."라는 말이 회사의 비공식 모토로 회자될 만큼 심각한 자금난에 시달렸던 것입니다. 하지만 젠슨 황은 이러한 상황 속에서도 흔들리지 않았습니다. 내장형 GPU 시장을 독점적으로 장악했고, GPU 기반 소프트웨어 '쿠다(CUDA)'를 통해 AI 소프트웨어 시장마저 석권했습니다.

그의 성공 비결은 시장 개척 전략에 있었습니다. 젠슨 황은 현재는 존재하지 않지만 나중에 확실히 판을 확장할 수 있는 가능성이 큰 시장인 '제로 빌리언 달러 시장(Zero Billion Market)'을 발굴하는 데 집중했습니다. 새로운 시장을 발견하면 끈질기게 파고들어 엔비디아의 지위를 확고히 하는 전략을 고수했고, 이는 결과적으로 회사의 놀라운 성장으로 이어졌습니다.

이제 젠슨 황은 딥러닝 시장에 대한 선견지명으로 '휴머노이드' 로봇 시장에 진입했습니다. 그가 이 분야에서 어떤 폭발적인 성장을 거둘지 귀추가 주목됩니다. 그의 가진 리더로서의 철학은 그가 캘리포니아공과대학교에서 한 졸업 연설로 알 수 있습니다. "틀에 얽매이지 않은 무언가, 탐험되지 않은 무언가, 하지만 정보에 입각하고 합리적인 그것을 실현하는 데 헌신하세요."

조력

조력자가 되어 함께 성장하라

리더는 혼자서 크는 나무가 아니다

리더는 결코 혼자서는 성장할 수 없습니다. 리더의 성장은 조직과 팀원들과 함께 이루어집니다. 물론 리더가 팀의 업무를 주도적으로 이끌어가긴 하지만, 조직과 팀원들이 적절한 환경을 조성하고, 동기를 부여하며, 지원해 주었기에 성과를 올릴 수 있는 것입니다. 이런 맥락을 무시하고 리더가 자기 혼자 일을 다했다고 생각하면 그때부터 고립되기 시작합니다.

사실 팀원의 입장은 묘한 아이러니를 가지고 있습니다. 일을 같이하자고 리더가 찾으면 때때로 귀찮고 일이 많아지면 피하고 싶어집니다. 한편 리더가 혼자서 일을 다 하겠다고 하면 팀원들은 업무에 대한 성취감과 조직에 대한 소속감이 떨어집니다. 소속감이 떨어지면 조직에 위기가 왔을 때 팀은 와해됩니다. 이처럼 팀원의 마음은 갈대처럼 움직이기 쉽습니다. 리더라면 이러한 팀원의 마음을 헤아려 함께 조화롭게 일할 수 있도록 독려해야 합니다.

그렇다면 여기서 조화롭게 일한다는 것은 무엇을 의미하는 것일까요? 팀 내에서 아무런 갈등 없이 '좋은 게 좋은 것'이라는 분위기로 일하는 것이 조화롭게 일하는 것일까요? 아닙니다. 여기서 말하는 '조화롭다.'의 의미는 '서로 잘 어울려서 모순됨이나 어긋남이 없다.'라는 뜻입니다. 업무 상황에서 팀이 조화롭다는 것은 팀원과 리더가 단단한 팀워크를 바탕으로 한 방향으로 함께 나아가면서 일이 굴러가게 만든다는 의미이지요. 이 과정에서 일을 더 나은 방향으로 끌고 가기 위해 크고 작은 갈등도 생길 수 있습니다. 이런 갈등은 필요한 갈등이자 건강한 갈등입니다. 그리고 크고 작은 논의와 협의, 갈등 과정 등을 거치면서 개별 팀원과 리더가 함께 성장해 나갑니다.

이러한 정의 아래에서 저는 여러 리더십의 모형 중 'LMX리더십(Leader-Member Exchange Leadership)'을 선호합니다. LMX리더십은 조직 내에서 리더와 개별 팀원 간의 관계에 중점을 둔 리더십 이론으로 전통적 리더십 모델과는 달리 모든 팀원을 동일하게 대하지 않고, 각 팀원의 관계적 특성에 따라 서로 다른 접근 방식을 취합니다. LMX리더십 이론은 리더와 팀원이 상호작용을 통해 관계의 질을 구축하며, 이 관계의 질이 결국 팀의 직무 만족, 성과, 그리고 조직 내에서의 몰입도와 같은 중요한 요소들에 직간접적으로 영향을 미친다고 봅니다.

LMX리더십이 학계에서 제시된 지는 다소 오래되었지만, 이상론이 아니라 현실에 발을 딛고 있는 이론이라는 점에서 여전히 유효하고 흥미로운 리더십 이론입니다. 대개의 리더십은 리더가 모든 팀원을 동등하게 대하고 모두를 다 끌고 가야 한다는 이상론에 가깝습니다. 반면에 LMX리더십은 팀원을 '내집단(In-group)'과 '외집단(Out-group)'으로 나눕니다. 전자는 리더와 더 가까운 관계를 유지하고 보다 깊은 신뢰와 지지를 받으며 리더와 적극적으로 협력하는 집단입니다. 이들은 정보 공유와 의사결정 과정에서 외집단에 비해 보다 많은 참여 기회를 얻으며 리더의 지원을 통해 풍부한 자원을 활용할 수 있습니다. 한편 후자인 외집단 구성원들은 리더와의 관계가 상대적으로 공식적이고 거리감이 있어 리더와의 상호작용이 제한적일 가능성이 큽니다. 이들은 주로 공식적인 절차와 규칙에 따라 일을 처리하고, 자율성과 지원의 수준이 낮을 가능성이 있습니다.

이렇게 내집단과 외집단을 나누는 가장 큰 기준은 바로 '관계의 질'입니다. LMX리더십 이론에서 가장 중요한 개념인 리더와 팀원 간의 관계의 질은 조직의 성과를 좌우하는 결정적 요인이 됩니다. 이 관계의 질이 높을수록 팀원은 리더로부터 더 많은 신뢰와 지지를 받으며, 결과적으로 높은 동기부여와 직무 만족, 그리고 조직에 대한 몰입감을 경험하게 됩니다. 그리고 그럴수록 팀원은 자신의 성과 향상을 위해 더 많은 노력을 기울이며, 조직의 목표 달성에 기여할 가능성이 커집니다. 물론 관계의 질이 낮다면 그 반대가 되는 것이고요. LMX리더십의 희망적인 부분은 리더와 팀원의 관계가 처음부터 고정된 것이 아니라, 시간이 지남에 따라 발전하는 특성을 지닌다는 것입니다. 초기에는 팀원의 역할과 기대가 명확하게 정의되는 단계로 시작되다가 이후 서로에 대한 신뢰와 의존성을 점차 쌓아가면서 더 깊고 복잡한 관계로 발전해 나갑니다. 이러한 발전 과정에서 리더는 팀원의 능력과 잠재력을 제대로 파악하게 되고, 팀원 또한 리더와의 관계에서 자신의 역할과 책임을 명확히 인식하며 성장합니다.

LMX리더십 이론은 리더가 모든 팀원과 일관된 관계를 유지하기보다 각 팀원의 특성과 기여도에 맞춘 신뢰 관계를 형성해야 한다고 강조합니다. 이러한 차별화된 관계 구축은 팀원들의 직무 성과와 만족도를 높이는 동시에 궁극적으로 조직 전체의 성과를 극대화하는 결과로 이어집니다.

LMX리더십은 '리더와 팀원' 사이의 관계에 중심을 둔 유일한 리더십 이론입니다. 저는 리더의 중요한 역할 중 하나가 '조력'이라는 관점에서 적절한 관계 맺기의 능력을 갖는 것이 리더에게 꼭 필요하다고 생각합니다.

리더의 관계 맺기를 논할 때 자주 제기되는 의문이 있습니다. '이것이 사내정치나 줄서기와 어떻게 다른가?' 하는 것입니다. 이에 대한 구별 기준은 '팀원의 역량을 질적으로 성장시키는가'의 여부입니다. 조력자로서 리더의 관계 맺기는 단순한 인맥 형성이나 파벌 구축이 아닌, 구성원의 성장과 발전을 도모하는 데 초점을 맞춥니다.

그렇다면 리더와 팀원 간의 관계는 어떻게 해야 긍정적인 방향으로 강화될 수 있을까요? 모든 인간관계가 그렇지만 리더와 팀원 사이의 관계도 어떤 공통분모가 있을 때 쉽게 강화됩니다. 하지만 그 공통분모라는 것이 출신 학교, 출신 지역, 취미 활동 등이 되면 곤란합니다. 리더와 팀원은 궁극적으로 '일'로서 만난 관계인 만큼 둘 사이의 공통분모가 '일'일 때 리더와 팀원은 생산적이고 건강한 관계를 구축할 수 있습니다. 즉, 어떤 식으로 성과에 도달할 것인지, 어떻게 관계를 맺고 소통함으로써 업무적으로 시너지를 낼 수 있을지 집중해야 하는 것이지요.

사실 LMX리더십을 말하다 보면 '닭이 먼저냐 달걀이 먼저냐'의 고민에 빠지기 쉽습니다. 즉, 원래 일을 잘해서 리더와 관계가 좋아지고, 그러다 보니 중요한 일이 그 팀원에게 주어져 더욱 성과를 내는 선순환에 들어설 수도 있습니다. 반대로 일을 잘 못하다 보니 리더와 사이가 안 좋아지고 그래서 더 일이 주어지지 않아 결국은 해당 팀원이 조직에서 자연스레 도태되는 악순환이 생길 수도 있습니다. 그래서 LMX리더십을 이야기하며 리더와 팀원의 관계 정립에 대해 이야기할 때는 '리더의 마음 시작점'이 무척 중요합니다. 그에 따라 각 팀원을 어떻게 조력해 줘야 할지에 대한 리더의 관계 맺기 방향성이 결정되기 때문입니다.

조력하는 리더의 마음가짐 1
편견 없는 개방성

무엇보다 리더는 편견 없이 팀원들을 바라봐야 합니다. 지구상에 사람처럼 예측 불가능하고 다면적인 동물이 없습니다. 처음에는 참 괜찮아

보였는데 알고 보니 함량 미달인 사람, 처음에는 어수룩해 보였는데 인성도 좋고 업무도 치밀하게 하는 사람을 우리는 현실에서 자주 만납니다. '관상은 과학'이라는 말도 있지만 그러한 말조차 이미 그 사람이 어떤 사람인지 겪어 본 후에 하는 말입니다. 실제로 첫인상만 가지고 사람을 판단하는 것은 리더에게 무척 위험한 행동입니다.

제가 두산그룹 마케팅 담당 과장으로 일할 때의 경험을 돌이켜 보면, 마케팅 전문가라고 해서 모두가 세련되고 화려한 외모를 가진 것은 아니었습니다. 또한 사내 변호사로 일하며 만난 많은 변호사들 중에는 대형 소송을 성공적으로 이끄는 실력자임에도 엘리베이터에서 스쳐 지나갈 때면 평범한 이웃집 아저씨, 아주머니처럼 보이는 분들도 제법 있었습니다. 따라서 외모, 학력, 스펙 등이 주는 착시현상에 현혹되지 않는 것이 중요합니다. 사람을 진정으로 이해하고 평가하기 위해서는 충분한 시간과 경험을 통한 관찰이 필수적입니다.

리더가 색안경을 끼고 팀원을 보게 되면 거기에서부터 팀워크가 무너지기 시작합니다. 현장에서 리더들을 만나면 어떻게 동기부여를 해야 할지 도무지 모르겠다고들 하는데, 가만히 되돌아보면 리더 자신이 먼저 팀원의 동기부여를 저해하는 언행을 했을 확률이 높습니다. 가령 고향 후배나 학교 후배라고 더 봐주고, 회장님 자제라고 해서 다른 팀원과 다르게 대하다 보면 잘해 준 한두 명의 팀원에겐 호의를 얻을 수 있으나 나머지 팀원의 마음은 저 멀리 떠나가 버립니다.

저는 두산그룹에서 일할 당시 오너 일가와 함께 일할 기회가 있었습니다. 같은 팀에 속해서 바로 옆자리에서 근무하기도 했습니다. 그런데

도 우리 팀의 팀워크가 좋았던 것은 당시 리더였던 팀장이 팀원들의 배경으로 차별하지 않고 각자의 강점을 고려해 일을 분배했기 때문입니다.

조력하는 리더의 마음가짐 2
다양성의 수용

시대마다 인재의 기준이 있습니다. 과거에는 인재의 기준이 비교적 획일적이었습니다. 학력이나 배경 등을 중요하게 보는 편이었지요. 하지만 이제는 시대가 달라졌습니다. 이는 요즘 선호되는 직업들만 봐도 알 수 있습니다. 초등학생들에게 장래희망을 물어보면 '유튜버', '웹툰 작가'가 상위를 차지합니다. 즉, 그림을 잘 그리는 것, 남들 앞에서 자기표현을 잘하는 것이 중요한 능력으로 부상한 것이지요. 사회 분위기가 이렇게 바뀌니 기업에서도 인재를 채용하는 기준이 달라졌습니다. 조금 더 인재의 범위를 넓혀 다양한 능력을 중시하기 시작한 것입니다.

앞서도 몇 차례 언급했습니다만 최근 경영의 중요한 화두 중 하나는 ESG 경영입니다. ESG 경영 중 'S'에 해당하는 세부 항복 가운데에는 '다양성(Diversity)'이라는 키워드도 있습니다. '불평등 해소', '양성평등' 항목과 더불어 '다양성, 형평성, 포용성, 그리고 소속감(DEI&B: Diversity, Equity, Inclusion, and Belonging)'이 필요충분조건으로 제시된 것이지요. DEI&B란 조직에서는 다양성이 존중되어야 하고 다양성을 이유로 부당한 차별을 받아서는 안 되며, 조직은 팀원의 다양성을 포용해야 하고,

팀원은 이러한 조직의 태도를 통해 조직에 소속감을 느끼는 것이 바람직하다는 의미입니다.

제가 생각할 때 수많은 조직이 채용 과정에서 큰 오류를 한 가지 범하고 있습니다. 채용 시에는 '전공 무관'을 내세우고, 이후에는 '전공 유관' 업무만 맡기는 것입니다. 제가 사회생활을 시작했던 30년 전에는 업무 이동의 유연성도 떨어지고 학부 전공에 따라 지망할 수 있는 부서도 정해져 있었습니다. 당시 저는 사법고시를 보지 않은 법대 졸업생이었기에 이도 저도 아니라서 제가 희망했던 부서에 들어가기가 어려웠습니다. 훗날 미국 MBA 과정을 마치고 나서야 마케팅과 전략 기획 부서에서 일할 수 있었지요.

그런데 이제는 시대가 바뀌어서 오히려 많은 조직들이 다면적인 능력을 갖춘 '육각형 인재'를 바랍니다. 특정 전공을 잘하는 사람만큼이나 다채로운 능력을 지닌 인재를 선호하는 것이지요. 이에 맞춰 취업준비생들도 다양한 스펙 쌓기에 몰두합니다. 저는 이런 풍토도 썩 좋지 않다고 봅니다. 조직 내에서 다양성이란 한 명의 팀원이 모든 면에서 우월해야 한다는 능력 중심의 기준이 아닙니다. 그보다는 각각의 팀원이 지니고 있는 다양한 특성이 조직 안에서 잘 활용되어야 한다는 차원으로 이해하는 것이 옳습니다. 이와 같은 관점에서 다양성을 포용하려면 조직 자체의 역량도 크고 넓어져야 할 것입니다.

조직이 다양성에 대해 올바른 인식을 가졌다면 이제는 이 인식을 리더에게 전달해 주어야 합니다. 리더는 다양성에 대한 긍정적 관점을 갖고 팀원들이 저마다의 재능을 발휘하도록 독려해야 합니다.

리더는 팀원의 개별적 특성과 기여도, 활용도에 따라 팀원을 판단하고 평가해서 그 팀원에게 적절한 업무를 맡기고 그에 따른 보상을 해주며 관계를 강화해 나가야 합니다. 물론 팀원이 업무적으로 기여도 하지 않고, 자신의 재능을 모르거나 자신의 재능을 알아도 활용하지 않으며, 리더와의 관계 개선에도 노력을 기울이지 않는 데다 궁극적으로 성과를 창출해 내지 못한다면 그에 따른 '디스인센티브(Disincentive)'도 주어야 합니다.

이 이야기의 핵심은 리더가 다양성에 대한 이해가 부족하면 재능 있는 팀원을 발견하지 못하거나, 차별하거나, 소외시키게 되고, 이는 결국 팀원과 리더의 관계를 악화시켜 조직과 팀의 성과를 무너뜨리게 되므로 경계하자는 것입니다. 요즘은 문제가 어디에서 언제 발생할지 모르는 격변의 시대입니다. 이처럼 다양한 문제들을 풀어내는 역량을 갖추려면 팀원들과 리더가 '따로 또 같이', '멀티 기능적'으로 움직여야 합니다. 팀원들의 다양성과 그 다양성을 발견하는 리더의 안목이 그래서 그렇게 중요한 것이지요.

조력하는 리더의 마음가짐 3
공정함은 지속되어야 한다

LMX리더십이 효과를 발휘하려면 팀원의 평가와 선발에 대한 공정성도 담보되어야 합니다. 불공정한 평가와 선발은 누군가에게 불이익을 가져다주기 때문입니다.

승진철이 되면 종종 들리는 "이번에는 네가 양보해라."라는 말은, 부끄럽게도 한때 제가 팀원에게 했던 말이기도 합니다. 조직의 자리라는 것은 그 수가 늘 정해져 있습니다. 따라서 모두를 다 승진시키기가 어렵습니다. 그럼에도 누군가는 승진을 하고 누군가는 답보 상태에 있어야 합니다. 이때 승진의 기준은 대체로 누구나 납득할 만한 기준이어야 합니다. 특정인의 승진은 누군가의 양보로 이루어지는 것이 아니라 마땅한 이유와 근거를 바탕으로 이루어져야 하는 것이지요. 조직과 리더는 조직 내 평가가 공정하게 이루어진다는 점을 늘 팀원들에게 알려주어야 합니다.

앞에서 LMX리더십은 '관계의 품질'을 중요시하는 리더십이라고 말씀드렸습니다. 관계가 고품질이 되려면 팀원이 리더의 선택과 판정에 대한 높은 신뢰를 가져야 합니다. 그 선택과 판정에 따라 팀원이 '내집단'에 들어가서 리더로부터 합당한 업무 할당과 보상, 육성을 받는 것에 대해 다른 '외집단'의 팀원들로부터 동의를 얻으려면 리더의 선택과 판정이 공정하고 합리적이어야 합니다. 물론 리더도 감정을 가진 사람이다 보니 기계처럼 100퍼센트 공정성을 담보하기는 어렵습니다. 저도 리더를 하면서 유달리 업무를 더 할당하고, 그에 대한 보상을 더 해 주고 싶었던 팀원이 있었는가 하면, 최소한의 업무만 맡기고 그 업무만 잘해도 다행이라는 생각으로 추가적인 보상은 고려하지 않았던 팀원도 있었습니다. 여기에서 제 주관은 철저히 배제됐을까요? 자신 있게 얘기하지는 못하겠습니다. 그러나 적어도 팀원들 사이에서 제 판단에 대해 의문과 의심이 나오지 않도록 최대한 공정하고 합리적으로 이유와 근거를 마련했습니다.

팀원을 편애하는 리더는 불만과 반발을 살 가능성이 높습니다. 그런데 실제로 업무를 하다 보면 더 믿음이 가고, 또 그 기대와 예상을 채워주는 팀원들이 있습니다. 저는 이렇게 자기 성과를 내는 팀원에게 더 잘해 주는 것은 결코 나쁜 리더의 태도가 아니라고 생각합니다. 리더의 편애가 부정적으로 작용하는 경우는 성과가 없는 팀원을 정당한 이유 없이 특별 대우할 때입니다. 팀원에게 동기부여를 하고 싶다면 기여도와 노력, 성과에 따라 리더와의 관계에 차이가 생길 수밖에 없다는 것도 알려야 합니다. 저는 그것이야말로 진정한 공정성이라고 생각합니다.

그렇다면 리더가 편견 없이 다양성을 인정하고 공정하게 팀원을 육성하고자 마음먹었다면, 이제 구체적으로 어떻게 행동해야 할까요?

리더의 조력 원칙 1
팀원과 목표를 협상하라

리더는 팀원에게 조력할 때 무엇보다 목표를 협상해야 합니다. '협상'이란 말에서도 알 수 있듯이 리더는 팀원에게 일방적으로 동기부여를 해서는 안 됩니다. 리더는 팀원과 합의를 통해 공동의 목표를 설정해야 합니다. 앞서도 한 차례 이야기했지만 협상은 서로가 원하는 목표를 새로운 대안으로 행복하게 교환하는 일입니다. 리더가 팀원과 함께 이룰 목표를 정하기 위해서는 서로가 원하는 결과가 무엇인지, 왜 함께 일하는지, 어떻게 일하고 싶은지 협상해야 합니다. 리더와 팀원과의 신뢰는 이러한 목표 협상의 필수 조건입니다. 협상을 하다 보면 자신에게 유리한 기준이나 근거를 가져오게 됩니다. 물론 이런 과정을 통해 힘의 크기가 정해지면서 협상은 진행됩니다.

그런데 이렇게 필요할 때마다 리더가 자신에게 유리한 기준만 끌어오기 시작하면 팀원도 자신에게만 유리한 기준을 가져오기 시작합니다. 결국 기준이나 원칙 없이 개인적인 주장만 난무하는 협상이 되어 버리지요. 반면 팀원과 리더가 서로를 존중하며 합의된 원칙과 기준을 정할 때 목표 협상은 한결 수월해집니다. 이렇게 협상에서 사용되는 기준과 원칙을 정하고 나면 그 협상은 무척 공정해집니다.

협상에서는 제3자의 시각이 중요하지 않습니다. 협상 당사자가 만족하고 인정하면 그 협상은 성공한 협상입니다. 따라서 리더와 팀원은 둘다 동의하는 원칙, 근거, 기준을 가지고 협상을 시작해야 합니다. 리더가 팀원에게 지시하고, 팀원이 그대로 따르지 않을 때 단순히 '세대 갈등'이라는 손쉬운 답을 택하며 팀원을 탓하는 리더는 비겁한 리더입니다.

리더의 조력 원칙 2
팀원의 강점을 위해 약점을 보완하라

팀원이든 리더든 강점과 약점은 누구나 가지고 있습니다. 여기서 제가 '장점과 단점'이라고 말하지 않은 것은 왜일까요? 장단점은 '좋고 나쁨'이라는 가치 판단이 들어간 단어입니다. 반면에 '강점과 약점'은 능력이나 적성, 자질을 중심의 판단이 들어간 단어입니다. 따라서 업무의 영역에서는 '강점과 약점'을 논하는 게 옳다고 여겨집니다. 한국은 평균에 익숙한 나라입니다. 어릴 때부터 성적표에는 평균 점수가 적혀 있었고, 키와 몸무게도 건강 상태와 상관없이 평균치에 가까우면 정상으로 보았습니다. 그런데 평균에는 큰 함정이 있습니다. 평균을 떨어뜨리는 약점을 고쳐야 할 것으로 보게 만든다는 점입니다. 하지만 약점은 약점 자체를 고치는 게 중요한 것이 아닙니다. 약점은 강점을 더 강하게 만들기 위해 개선하고 보완해야 하는 것에 불과합니다. 즉, 약점을 어떤 식으로 보강해 줄 것이냐는 방향성이 중요합니다.

그 말이 그 말인 것 같지만 여기에는 큰 차이가 있습니다. 그저 평균 미달이거나 보기에 좀 부족해 보이니 약점을 채우라는 것과 강점을 더 잘 사용하기 위해 약점을 보완하는 것은 약점을 바라보는 관점에서 큰 차이가 있습니다. 후자의 관점에서 약점은 강점을 위해 존재합니다. 강점을 강하게 만들기 위해 고쳐야 할 포인트로 존재하는 것이지요. 팀원의 강점과 약점을 바라보는 리더의 시선도 후자여야 합니다. 그렇게 팀원을 바라봐 주면 팀원 스스로도 '약점의 함정(스스로 약점을 인정해서 진짜 약점이 되어 버리는 것)'에 빠지지 않습니다. 리더는 팀원을 무결점의 인간으로 개조시키는 사람이 아닙니다. 리더는 팀원과 조직을 위해 팀원이 가지고 있는 강점을 최대한 활용할 수 있도록 약점을 보완할 방법을 함께 궁리하고 조언하는 사람입니다.

인도네시아 국가대표 축구팀을 이끄는 신태용 감독은 인도네시아 국가대표 축구팀의 능력을 최고로 끌어올려 국가적으로 큰 인기를 끌고 있습니다. 신 감독이 구사하는 전술은 팀의 공격방법을 다양화하고 파괴력을 높이기 위해 적극적으로 공격하면서 끈질기게 물고 늘어지는 전술입니다. 이러한 전술을 짜기 위해 신 감독은 우선 인도네시아 선수들의 강점과 약점을 찾아 분석했습니다. 그의 분석에 따르면 인도네시아 선수들은 체력이 충분할 때는 발 기술이 뛰어나 보였지만 체계적인 트레이닝 부족으로 경기가 지속될수록 체력이 받쳐주지 못했다고 합니다. 기술은 좋은데 체력이 안 좋아 경기력이 떨어진다는 결론에 다다랐으니 이제 남은 일은 기술을 잘 쓸 수 있도록 체력 코어 훈련을 하는 것이었습니다.

한편 신 감독은 팀의 약점인 허술한 조직력이 드러나지 않도록 팀원들의 식단을 조절한 것은 물론이고 훈련 프로그램을 설계하는 데 과학적 방법을 동원했습니다. 그 결과 인도네시아 국가대표 축구팀의 장점인 스피드는 더욱 강화됐고 개별 선수들의 활동력과 압박력도 증가했습니다. 이처럼 리더는 개별 팀원들에게 강점과 약점을 알려주고 그 약점을 고쳐서 강점을 어떻게 더 강하게 만들 것인지 구체적으로 제시해야 합니다.

리더의 조력 원칙 3
리더의 기회를 주어라

리더의 자리에 오를수록 인색해지는 사람들이 있습니다. 특히 자신이 어렵게 얻은 자리일수록 권한과 자원을 나누는 데 인색하기 십상입니다.

리더가 인색할 경우 그 아래의 팀원이 다음 세대의 리더가 되기가 참 어렵습니다. 옛 고사성어 중에 '교학상장(敎學相長)'이란 말이 있습니다. '가르치고 배워서 서로 성장한다.'라는 뜻입니다. 리더가 팀원에게 조력해 그를 성장시켜 주다 보면 그러한 과정 중에 자신도 배우고 성장합니다. 리더가 팀원을 육성하는 것에 인색하면 리더 자신의 성장도 정체되기 마련입니다. 따라서 리더가 되면 공유와 전수(傳授)에 아낌이 없어야 합니다. 팀원에게 리더가 가진 권한과 자원을 공유하고 팀원이 그 기회를 통해 성장하게끔 밀어주어야 합니다. 가끔은 그 기회를 악용하는 팀원도 있을 것입니다. 그러나 언제나 어디서든 악인은 존재하기 마련입니다. 리더가 가진 권한과 자원은 언제든 회수할 수 있으니 팀원이 그 리더의 호의와 정성을 배신한다면 바로 회수해도 늦지 않습니다.

리더는 의무가 많은 만큼 여러 가지 기회를 갖습니다. 학습의 기회, 경험의 기회, 인적 교류의 기회 등이 그것입니다. 이 기회들을 팀원과 적절히 나누면 팀원에게는 감사의 마음도 생기고, 학습의 계기도 되며, 성장의 자세도 갖추게 됩니다. 제 경우에는 팀원들에게 가급적 해외 출장의 기회나 외부 학습의 기회를 많이 주려고 노력했습니다. 또한 네트워크의 기회도 최대한 넘겼습니다. 물론 그러한 기회가 리더에게 처음 주어졌을 때는 기꺼이 참여해 새롭게 네트워킹도 하고 새로운 배움도 수용해서 자신의 자산으로 만들어야 합니다. 하지만 이미 리더로서 충분히 학습과 경험의 기회를 누렸다면 이후에는 그러한 기회를 팀원들에게 나누는 것이 좋습니다. 리더만 성장의 기회를 잡기보다는 팀원도 함께 성장할 수 있어야 궁극적으로 팀의 성과에 큰 도움이 되기 때문입니다.

한편 기회(Opportunity)는 시험(Test)이기도 합니다. 리더가 팀원들에게 기회를 주어야 팀원들의 잠재력을 파악할 수 있습니다. 누구든 경험해 보지 않고서는 자신에게 어떤 능력이 있는지 알 수가 없습니다. 기회를 준다는 것은 팀원들로 하여금 자신의 잠재력을 깨우치고 잠재력을 발휘할 시간과 장소를 허락해 준다는 의미입니다. 간혹 팀 내에서 리더의 공백으로 갑작스레 리더를 떠맡게 되는 팀원들이 생깁니다. 이때 새로운 리더가 된 사람은 두 가지 유형으로 나뉘게 됩니다. 하나는 본래의 리더보다 못하지 않거나 심지어 원래 리더보다 더 나은 경우입니다. 췌장암으로 투병하던 스티브 잡스를 대신해 애플의 경영을 임시로 맡았던 팀 쿡이 대표적인 사례입니다. 다른 하나는 원래 리더가 복귀할 때까지 제대로 그 공백을 채우지 못하는 경우입니다.

이처럼 팀원에게 기회를 주고 테스트를 해본 결과 해당 팀원의 성과가 미미했거나 제 역할을 기대만큼 하지 못했다면 리더는 그 팀원과 관계의 품질을 낮출 수밖에 없습니다. 그리고 리더는 그 팀원에게 향후 중요한 일을 맡기기보다 오히려 버거워하는 일은 덜어 주어야 합니다. 반대로 팀원이 기대 이상으로 썩 잘해 냈다면 리더는 그이에게 더 큰 일을 맡기고 관계의 품질을 높임으로써 그 팀원에게 더 큰 정성을 기울여야 합니다.

저는 리더들에게 팀원들에게 '기회 주기'를 아끼지 말라고 늘 당부합니다. 팀원에게 기회를 주는 것은 최종 결정까지 맡기는 위임과는 성질이 다릅니다. '기회 주기'는 팀원에게 리더의 시공간을 대리 경험하게 함으로써 팀원의 잠재력을 파악하고, 잘하는 팀원에게 힘을 보태 주는 일종의 트레이닝이기도 합니다. 리더가 팀원에게 기회를 주었을 때 심지어 리더보다 더 좋은 성과를 거둘 수도 있습니다. 이때 리더가 해야 할 일은 무엇일까요? 바로 좋은 성과를 거둔 팀원에게 열심히 배우는 것입니다. 팀원에게 기회를 준다는 것은 리더가 자신의 자리에 안주하지 않고 새롭게 배울 수 있는 기회를 갖는 것이기도 합니다.

리더의 조력 원칙 4
팀원 코칭이나 멘토링은 간접 지원 방식으로 하라

코이라는 물고기는 어항에서는 10센티미터, 강물에서는 1미터까지 자라는 흥미로운 물고기입니다. 환경에 따라 크기가 달라지는 환경 적응형 성장을 하는 물고기이지요. 사람도 코이와 똑같습니다. 환경이 마땅치 않으면 환경에 맞춰 제약된 성장을 하거나, 아예 성장을 멈춥니다. 팀원의 성장을 바라는 리더라면 팀원들 주변에 둘러쳐진 벽들을 없애 주어야 합니다. 여기서 벽은 리더가 가진 권력도 될 수 있고, 팀원들 간의 비협조일 수도 있고, 고정관념에 빠진 조직문화일 수도 있습니다.

팀원을 둘러싼 벽이 무엇인지는 팀원 본인만이 정확히 알 수 있습니다. 그러나 리더가 팀원 주변의 벽이나 장애물이 무엇인지 팀원에게 물어도 모든 것을 솔직하게 털어놓지 않는 경우가 많습니다. 괜히 리더에게 함부로 말했다가 평판만 나빠지고, 조직 적응력이 떨어진다고 비난받을 수 있기에 입을 다무는 것이지요.

그런데 사실 팀원들이 가장 힘들어하는 것은 자신의 주변에 둘러쳐진 벽이나 장애물이 아닙니다. 그러한 벽들에 대해서 허심탄회하게 이야기를 나눌 사람이 없는 것이 힘든 것이지요. 하지만 이런 이야기들을 리더에게 직접적으로 하기는 쉽지 않습니다. 저만 해도 조직생활을 하면서 어떤 리더에게 특정한 리더와 일하기 어렵다고 솔직한 심정을 토로했다가 리더가 문제를 해결해 준다고 나서는 바람에 오히려 그 리더와 사이가 더 불편해진 경험이 있었습니다. 원칙적으로 말하자면 리더는 팀원이 어려울 때 부축해 주고, 팀원이 성취감을 느끼며 신이 날 때는 독려를 해주는 사람이어야 합니다.

하지만 늘상 그러기에는 리더에게 '존재적 한계'가 있습니다. 마음은 특정 팀원의 편을 들어주고 싶지만 조직의 기강을 위해 온전히 그러기 어려운 경우도 있고, 열심히 일하는 팀원을 열렬히 응원해 주고 싶지만 형평성 등의 이유로 표현을 일부러 감출 때도 있습니다. 즉, 리더는 조력자의 역할을 해야 마땅한 자리이지만 리더이기 때문에 조력자로 적극 나서기 어려울 때가 있는 것이지요.

이럴 때 해결 방법은 의외로 간단합니다. 리더가 앞서서 조력자의 역할을 하기보다 팀원이 자신의 어려움을 털어놓고 상의할 다른 사람을 붙여주는 것입니다. 이런 역할의 사람을 멘토라 불러도 좋고, 코치라 불러도 무방합니다. 팀원의 조력자가 반드시 조직 내에서 나와야만 한다는 생각에서 벗어날 필요가 있습니다. 이는 고정관념에 불과합니다. 변호사들도 정작 자신의 사적인 법률문제를 해결할 때는 같은 로펌에 있는 변호사를 찾지 않습니다. 오히려 밖에서 일하는 또 다른 신뢰할 만한 변호사를 찾아서 사건을 의뢰합니다.

멘토링이나 코칭이 조직 내부에서 원활하게 진행되기 어려운 이유는 '일하기도 바쁜데 무슨 멘토링이며 코칭이야' 하는 경우도 있고, 솔직히 마음을 터놓고 말했다가 알려지길 원하지 않는 정보가 내부에 공유되어 말한 사람만 불편해지는 경우 등 다양합니다. 따라서 멘토링이나 코칭을 통해 팀원에게 조력하고 싶을 때는 멘토와 코치를 외부인으로 선정하고, 조직에서는 전문가 선정과 과정 설계, 비용 지급 등 최소한의 관여만 하는 편을 권합니다. 저도 코치로서 코칭을 하다 보면 제가 외부인이라 훨씬 진솔하게 조력을 구하는 경우가 많습니다.

멘토링이나 코칭의 후속 과정도 중요합니다. 조직이 멘토링이나 코칭 결과에 대한 리포트를 받는 순간 팀원에 대한 조력은 업무가 되어 버립니다. 팀원들 역시 멘토링이나 코칭 결과가 내부에 보고된다는 사실을 알면 조력을 받는 척만 할 뿐 진솔하게 응하지 않을 확률이 높습니다. 따라서 간접 지원을 무심하게 하는 편이 여러모로 효율적이고 효과적입니다.

리더의 조력 원칙 5

서로에게 '좋은 짝'이 되어라

LMX리더십은 리더와 팀원이 '좋은 짝(Dyadic Relationship)'이 되어 성과를 향해 나아가는 것을 권장하는 리더십 이론입니다. 이 이론은 리더와 팀원이 좋은 짝이 되면, 리더와 팀원은 '낮은 이직률, 높은 성과평가, 승진 기회 증대, 조직 헌신성의 증가, 양질의 직무 태도, 성과 참여도 확대' 등을 교환하여 고성과에 도달한다는 조사 결과에 입각한 이론이지요.

이 이론의 목적은 내집단과 외집단을 차별하는 데 있지 않습니다. 가능한 범위 안에서 외집단을 내집단으로 만드는 것이 주요 목적이라고 할 수 있습니다. 정확히는 외집단의 팀원들이 자신들을 내집단의 팀원으로 느끼게 만듦으로써 리더가 전체 팀원들과 긴밀한 관계를 유지하는 것을 궁극적인 목표로 삼습니다.

리더는 그저 팀원들의 성과에 따라 내집단과 외집단을 구분해 다르게 대하는 데 그쳐서는 안 됩니다. 오히려 외집단에 더 각별한 공을 들여 궁극적으로는 모든 팀원들과 양질의 관계를 갖추는 것을 목표로 해야 합니다. 이를 위해서 리더는 리더십 구축(Leadership Making)에 집중해야 한다는 것이 LMX리더십이 주는 시사점입니다.

그렇다면 리더십 만들기는 어떤 단계를 거쳐 완성될까요? 일리노이대학교의 조지 베어 그랜(George Bear Graen) 교수와 네브라스카대학교의 메리 얼 비엔(Mary Uhl-Bien) 교수의 연구에 따르면 리더십 만들기는 다음과 같이 세 가지 단계를 거치며 발전해 나갑니다.

첫째, '낯선 단계(The Stranger Phase)'입니다. 이 단계에서 팀원들은 공식적인 계약 관계와 규칙에 의존하고 서로 조직상의 역할 범위 내에서만 리더와 관계를 이루기 때문에 '낮은 교환 관계'에 머뭅니다. 이 단계에서 팀원들은 조직의 이익보다는 개인의 이익을 우선시합니다.

둘째, '지인 단계(The Acquaintabce Phase)'입니다. 이 단계에서는 리더와 팀이 약간의 친분을 가진 지인(知人)으로서 관계를 맺어갑니다. 이 단계에서 리더와 팀원들은 경력 지향적이고 사교적 관계를 위해 '정보 제공'을 시작하기도 합니다. 또한 리더는 팀원들이 더 많은 역할이나 책임을 수용하는 데 관심이 있는지 테스트하고, 팀원은 리더가 기꺼이 자신들에게 새로운 도전적인 업무를 맡기는지 테스트합니다. 이 단계에서부터 서로가 정해진 '업무 기술서'를 벗어나 서로를 더 신뢰하며 새로운 방식으로 업무를 해나가기 시작합니다. 팀원들이 조직의 이익을 지향하기 시작하는 것도 이때입니다.

마지막으로 '성숙한 협동 단계(The Mature Partnership Phase)' 단계입니다. 이 단계에서 리더와 팀원은 서로 의존할 수 있다는 사실을 알게 됐기 때문에 이제 협력의 의무감을 느낍니다. 리더와 팀원 사이에는 이제 파트너로서 높은 협력관계가 형성되고, 팀원들끼리도 상호 의존적인 관계가 형성됩니다. 많은 리더가 바라는 관계가 바로 이 세 번째 단계일 것입니다.

관계란 한 번에 이루어지지 않습니다. 관계는 서로 원하는 것을 줄 때 단단해집니다. 시간이 걸리더라도 믿음이 쌓여야 관계는 쉽사리 해체되지 않습니다. 리더와 팀원은 처음에는 낯설지만 점차 알아가고, 다음에는 친해지고, 마지막에는 서로 믿고 의지하고 지원해 주는 '좋은 짝'이 되는 과정을 거치는 것이 가장 좋습니다.

리더의 다섯 가지 역할을 완벽하게
구현한 정의선 회장의 리더십
자동차에서 모빌리티 기업으로

이제까지 자극, 도전, 결정, 도달, 조력 이렇게 다섯 가지 리더의 역할에 대해 설명했습니다. 이 다섯 가지 역할을 완벽하게 구현한 리더가 있을까요? 저는 기꺼이 현대차그룹의 정의선 회장을 꼽겠습니다. 정 회장은 현대차그룹을 단순히 자동차 회사에서 소프트웨어와 IT에 기반한 종합모빌리티 기업으로 전환하기 위하여 자율주행 스타트업도 인수하였고, AI와 자율주행, 로봇 등을 포함하는 연구개발도 강화하였습니다. 그는 현대자동차그룹을 글로벌 자동차 판매 빅3에 진입시켰고, 영업이익, 매출액, 시가총액 측면에서도 조직의 압도적인 성장을 견인한 탁월한 리더입니다. 과거 신용등급 강등이라는 위기도 트리플A 크라운 획득으로 완벽하게 극복했습니다. 이처럼 그는 리더로서 거둘 수 있는 성과의 정상에 이미 도달한 인물입니다.

정 회장의 취임 후 현대차그룹의 문화는 급변하였습니다. 현대차그룹은 미국, 중국, 유럽 등 10개국에 생산 시설이 있고, 현대자동차만 보더라도 세계 64개 도시에 판매 네트워크와 연구소 등이 있습니다.

그는 이러한 글로벌 문화를 조직에 이식시키기 위해 해외 인재를 포용했고 경영에 동참시켰습니다. 또한 사원들과는 청바지를 입고 격의 없이 토론하는 수평적 조직문화를 만들었습니다. 조직을 자극하고 역동적으로 변화시키기기 위해 외국인도 CEO로 선임하며 인사를 통해 신상필벌의 원칙도 실천하였습니다.

한 언론보도에 따르면 정 회장의 '빠른 판단'은 리더십의 핵심이라고 합니다.(《한국경제신문》, 2024. 10. 14.) 정 회장은 수시로 임원들로부터 1대 1 보고를 받는데 보고가 두 시간에 달해 '100분쇼'라고 부른다고 합니다. 그는 송곳처럼 날카롭게 치열하게 묻고, 그에 대한 해법을 여러 경로로 듣는 경청의 능력을 가지고 있습니다. 그렇게 정 회장은 다양한 해법으로 그룹의 위상을 높였습니다. 이렇듯 리더의 강력하고 효율적인 '결정력'은 조직 전체의 자원을 효율적으로 활용하고, 경쟁자가 넘어설 수 없는 경쟁우위를 가지게 합니다.

과격하리만치 급변하는 경영 환경에서는 아무리 뛰어난 리더라고 할지라도 혼자서 모든 일을 판단하고 추진할 수 없습니다. 넓고 깊게 업무를 추진하면서 동시에 높고 크게 성과를 내려면 리더는 팀원에게 힘을 보태 주어 인적 역량을 전체적으로 업그레이드해야 합니다.

정 회장은 "한번 해보죠."라는 한 마디로 조직의 도전정신을 독려하고, 그러한 도전정신이 성과로 이어지도록 팀원들의 사기를 북돋웠습니다.

그의 조력자로서의 측면은 양궁협회 활동을 통해 잘 드러납니다. 그는 부친 정몽구 명예회장의 뒤를 이어 뜨거운 양궁 사랑을 실천하며 지난 20년간 국내외 경기 현장에 동행해 왔습니다. 협회와 선수들과 진솔하게 소통하고 이들의 니즈에 귀 기울이며 관계의 질을 높여 신뢰와 존중으로 선수들을 지원하고 육성하고 격려했습니다. 정 회장은 그가 현대자동차그룹을 경영하며 보여준 리더십을 협회 운영에서도 그대로 이식했습니다.

그는 '한국 양궁 60주년 기념행사'에서 이렇게 말했습니다.

> "어느 분야든 최고의 자리까지 올라가는 것은 너무나도 힘들
> 지만, 그 자리를 지키는 것은 더더욱 힘들다는 것을 잘 알고
> 있습니다. 보다 중요한 것은 우리 모두가 어떠한 상황에서도
> 품격과 여유를 잃지 않는 진정한 1인자로서의 모습을 보여주
> 는 것입니다."

이 사례는 리더가 조직과 팀원을 진정한 1인자로 만들기 위하여 자극
하고, 도전하고, 결정하고, 도달하고, 조력하는 역할을 해야 한다는 것을
보여줍니다.

리더의 역할을
잘 해낼 준비가 되셨습니까?

이 책의 최종 교정을 보는 지금, 우리 사회는 매우 혼란스러운 상황에 놓였습니다. 우리는 리더가 '역할 오류(Role Error)'에 빠졌을 때 그들이 이끄는 조직, 공동체, 구성원들이 얼마나 큰 혼란을 겪게 되는지를 아프게 경험하고 있습니다.

많은 리더들이 저에게 자주 묻습니다. "제가 어떤 역할을 해야 하나요?" 하지만 바로 이 질문에서부터 역할 오류가 시작됩니다. 리더의 첫 번째 역할은 자신의 역할을 스스로 정의하는 것입니다. 타인이 정해준 역할이나 잘못 이해한 역할로는 주체적인 리더십을 발휘할 수 없습니다.

리더가 자신의 역할을 결정할 때 가장 우선적으로 고려해야 할 것은 '역할 기대(Role Expectations)'입니다. 이는 팀원들과 조직이 리더에게 요구하거나 기대하는 기준을 의미합니다. 일반적으로 팀원들을 성장시키고 조직의 성과를 높이는 것이 리더에 대한 기본적인 역할 기대입니다. 리더가 이러한 기대를 충족시키지 못할 때 조직과 팀원들은 처음에는 인내하며 지켜보지만, 그 인내가 한계에 다다르면 리더에 대한 의심과 불신이 시작됩니다. 결국 리더의 성공적인 역할 수행이란 조직과 팀원들로부터 받는 기대를 얼마나 잘 충족시키느냐에 달려 있습니다.

리더가 자신의 역할을 잘 정했다면 이제는 그 역할을 제대로 해내야 합니다. 그런데 가끔 그 역할을 잘 해내지 못할 때가 있습니다. 리더가 역할 수행에 실패하는 경우는 크게 두 가지로 나눌 수 있습니다. 첫째는 리더가 규칙을 어기는 경우입니다. 이는 조직의 근본적인 원칙을 무너뜨리고 팀원들 사이의 분열을 초래합니다. 둘째는 리더의 역할에 과부하가 걸린 경우입니다. 이는 리더의 능력 범위를 벗어나는 과도한 업무나 시간·에너지의 한계, 또는 여러 역할 간의 충돌로 인해 발생합니다. 역할 과부하에 빠진 리더는 감정이 소진되고 실수가 늘어나며 정확한 의사결정을 내리기 어려워집니다.

리더가 되기를 희망하는 모든 분들께 진심을 담아 말씀드립니다. 리더의 역할을 성공적으로 수행하는 것은 의욕이나 열정만으로는 불가능합니다. 앞으로 리더의 과업은 더욱 복잡해지고 어려워질 것이며, 조직과 팀원들의 기대 수준도 계속해서 높아질 것입니다. 따라서 리더가 되고자 한다면 자신의 정확한 역할이 무엇인지, 조직과 팀원들의 기대수준은 어디까지인지, 그리고 자신이 과연 그것을 모두 감당해 낼 수 있는 그릇이 되는지를 엄격하고 냉정하게 자판(自辦)해야 합니다.

리더란 결국 역할을 잘 해내는 사람입니다. 여러분은 역할을 잘 해낼 모든 준비가 되셨습니까?

5無와 5敵을 넘어 조직의 심장을 깨우는 리더의 길

리더는 무엇을 하는 사람인가

초판 1쇄 발행 · 2024년 12월 30일

지은이	문성후
펴낸이	민혜영
펴낸곳	오아시스
주소	서울특별시 마포구 월드컵로14길 56, 3~5층
전화	02-303-5580 ǀ 팩스 · 02-2179-8768
홈페이지	www.cassiopeiabook.com ǀ 전자우편 · editor@cassiopeiabook.com
출판등록	2012년 12월 27일 제2014-000277호

ⓒ문성후, 2024
ISBN 979-11-6827-262-0 03320